桥旅艺术

基于城市记忆视角

BRIDGE TRAVEL ART:
BASED ON
URBAN MEMORY
PERSPECTIVE

何顺平　马超　周鑫 / 著

社会科学文献出版社
SOCIAL SCIENCES ACADEMIC PRESS (CHINA)

目 录
CONTENTS

引　言………………………………………………………… 001

第一部分　何为"桥旅艺术"

第一章　何为"桥旅"……………………………………… 003
第二章　何为"桥旅艺术"………………………………… 011
第三章　研究路线与方法论………………………………… 030

第二部分　城市记忆之桥都意象

第四章　城市记忆的理论沿革……………………………… 037
第五章　重庆桥旅记忆……………………………………… 042

第三部分　桥旅艺术之当代凝视

第六章　桥旅与当代艺术的碰撞…………………………… 051
第七章　桥旅与城市的图底关系…………………………… 054
第八章　作为城市记忆伦理叙事的桥旅艺术……………… 057
第九章　桥旅艺术的隐喻式象征叙事……………………… 072

第四部分　桥旅艺术构建路径

第十章　桥旅艺术的空间叙事美学建构研究…………………… 081
第十一章　桥旅 GLAM 馆的艺术介入性及其表现 …………… 124
第十二章　桥旅艺术视角下的城市景观系统弹性……………… 153

第五部分　桥旅艺术与可持续发展

第十三章　从桥旅艺术的角度理解可持续发展………………… 167

第六部分　桥旅艺术之未来发展

第十四章　桥旅艺术与文化外交………………………………… 175
第十五章　桥旅艺术探索的前景………………………………… 192

参考文献……………………………………………………………… 203
后　　记……………………………………………………………… 208

引 言

艺术之所以迷人，是因为人类从创造艺术以来，一直保持着高阶的思考与输出。人类从来不吝啬给艺术注入新的营养，而艺术也从来不局限服务于某个群体。它既是包容的、开放的，也是发展的、多元的。当代艺术更是撕开了艺术成见中的隔膜，把艺术推向融合，在城市空间中扎根、成长。因此，今天人们在城市中看到的各种具象的或者意象的景观无不被当代艺术沁润过。而艺术与文化又是相互成就的两个主体，艺术科学和文化科学也彼此重叠交叉，城市中的各类纷繁复杂的艺术场域，孕育出一种特殊的文化空间。列斐伏尔把我们所生存的空间划分为物质空间、精神空间、社会空间。社会实践往往基于目的性，社会空间产生于这种带有目的性的社会实践，社会关系产生于社会空间，也区别于自然空间。文化空间是社会文化秩序的空间化，若要把艺术镶嵌进文化空间里，则同样可以出现列斐伏尔的"三元组合概念"，与空间实践、空间的再现、再现的空间的概念范畴相似，可以是艺术的空间实践、艺术在文化空间中的再现、再现的文化艺术空间。

重庆地处长江上游，水系丰富，除了山川河流纵横交错形成其独特的地形地貌以外，重庆也是中国中西部唯一一个直辖市，多年来以桥梁工程为特色的基础设施建设效果显著。因此，在得天独厚的自然条件和西南地区综合交通枢纽经济条件的共同作用下，重庆以"桥都"为特色打造了极具地域文化特色的城市品牌，对于提升重庆文化旅游的艺术品质和科技内涵具有重要作用，从而促进重庆建设世界一流旅游目的地。

　　文化旅游是城市记忆主体感受当代景观艺术的一种形式，桥梁艺术是城市记忆客体自我呈现的一种形式，而这两种形式的结合可以碰撞出独特的"桥旅艺术"体验。桥旅艺术的提出是基于重庆城市记忆的桥梁艺术型文旅融合视角，这种新的模式是对城市文化旅游及其所处的环境和时代的审视。通过这种融合的视角，可以更好地理解我国地域特色人文环境的历史、现在与未来。本书的正文分为六个部分，分别为何为"桥旅艺术"、城市记忆之桥都意象、桥旅艺术之当代凝视、桥旅艺术构建路径、桥旅艺术与可持续发展，以及桥旅艺术之未来方向。

第一部分
何为"桥旅艺术"

桥梁、旅游、艺术本是不同领域的专业词语,而本书中凝练出的"桥旅艺术"将其联系在了一起。为何三者之间能够产生紧密的联系?在学术上以及生产生活层面又究竟有怎样的内涵?第一部分作为本书的开篇,对此将一一解析。

第一章　何为"桥旅"

一　"桥旅"与"文旅"

"桥旅"意为桥梁旅游融合，它与"文旅"也有着密不可分的关系。桥梁艺术与文化可以作为文化旅游中的某一种具体主题形式。"文化旅游"是有文化主题加持的旅游产品，也与其他的词语合并表达为"文旅融合"，意在表达旅游的主题性、文化性和融合性。但如今的"文旅"一词更加强调旅游的体验性。仔细来讲，旅游和旅行也并非完全相同的事情，虽然都在形容同一性质的活动，但是从体验角度看，旅游更在意行动的乐趣，旅行更在意行动的感受。"文旅"应该是二者兼备，或者说二者是缺一不可的。再者，"旅游"一词更多的为在行业中形成产业价值，在一定程度上代表了效率、可策划、可测量，更在意受众与景别的互动。而"旅行"则更多有着不确定性和随机性，更强调受众与旅途的交互。"文旅"其实是在文化要素的加持下，增加受众对旅途的感受性，在交互中增加了体验的层次与维度。总而言之，"文旅"更在意线性动态中对互动对象的感受，当然，这和艺术的追求也不谋而合。

要强调的是，这里提出的"桥梁艺术"与"桥旅美学"是有一定的区别的，虽然直观上我们会认为二者都特别强调突出从游者视角审视桥梁的造型，从而感受桥梁文化的独特魅力，但是从本质上，二者又有一些广度和深度上的区别。下一章，笔者会特别展开来讲，试着探寻"桥梁艺术"与"桥梁美学"的区别。大体上，之所以可以把"桥旅"归为"文旅"的一种，是因为本质上的确是把桥梁看作景观艺术中的一种，换言之，桥梁本身是一种真实存在于城市空间中的艺术品。桥梁在物理空间中的存在又为社会空间中的精神提供了依托，具体表现为桥梁的文化可以反映在历史、文学、影像、音乐、戏剧等各种艺术形式中，可以说"桥旅"既是文旅的具体形态，又是桥梁艺术在场性的最佳体现。

从以上"桥旅"与"文旅"的关系中，可以确定以下三个关键的问题。

一是有必要探寻和桥梁有关的精神文化内涵与艺术要素，这其中不仅包括了与桥梁有关的文学、诗歌，更应该做好桥梁建设口述史研究，提取其中的精神文化内涵，并能够被传播和传承。再者就是像重庆这种地理特点限定下的城市，本身对桥梁的文化意象就和其他平原城市不同，桥梁对于在这里生活的祖祖辈辈的人们来说，有着不同寻常的集体记忆。特殊时空下的"桥旅"有着特殊的呈现面貌，这种在地性把"桥旅"最本真的状态直接表达出来，才造就了重庆人关于"桥都"的文化认同感，以及这个文化名片带来的身份归属感。

二是设计出更加高品质的桥梁精品，当然这也是造桥业中近些年来转型升级的方向和桥梁行业培养人才的方向。面对国家高等教育进入新时代，重庆交通大学积极推进学科交叉融合发展，加强校企合作，着力培养能够支撑和引领未来发展的桥梁设计复合型人才，并与中交公路规划设计院有限公司签署新工科"交通+艺术"产学研合作协议，并以"贯彻新时代教育新思想，建设高水平本科教育"为主题，展开"交通+艺术"新工科协同育人大讨论，桥梁设计人才的培养也正在朝着品质化提升的方向大步迈进。

三是开发更多元的桥梁文化融合业态，不仅包括桥梁基础设施、桥旅管理、桥旅政策以及桥旅品牌的打造、桥旅地标衍生品的设计与生产，还包括与桥旅相关的文化零售等。在桥旅多元融合中势必会呈现混合、折叠化的桥旅业态，桥旅公司也会顺势而生，逐渐行业化。有趣的是，它和文化产业一样都有一种混合交叉的身份感，既可以是交通行业的组成部分，又可以是文化产业的延伸，还可以是旅游产业谱系的补充。如若展开大胆的畅想，未来可以破壁虚拟空间来呈现更多的基于大数据的数字化桥梁，并对已建桥梁进行数字化，甚至是经过人工智能深度学习后生成可搭建未来"元宇宙"[①]里"新"的基建。以现在的科技发展水平，这些在不久的将来都可以一一实现。

二 "桥旅"与"交旅"

随着近几年交通运输业与旅游业的融合发展，"交通旅游"一词被越来越多地提及，而交旅融合也成为行业发展的新方向与新模式。交旅融合的产品谱系包含了三个方面：交通设施与旅游的融合、交通组织与旅游的融合、交通媒体与旅游的融合。其中，交通设施与旅游的融合可以大致分为道路运输与旅游的融合、铁路

---

① 元宇宙的英文 Metaverse 一词由 Meta 和 Verse 组成，Meta 表示超越，Verse 代表宇宙（Universe），二者组合起来即表示"超越宇宙"，即一个平行于现实世界运行的人造虚拟空间。元宇宙的概念最早由美国作家尼尔·斯蒂芬森（Neal Stephenson）在其科幻小说《雪崩》（1992）中提出。在其中，他创造了一个人类从未想象的互联网——元宇宙。见郭春宁《元宇宙的艺术生成：追溯 NFT 艺术的源头》，《中国美术》2021 年第 4 期。

图 1-1　重庆盘龙立交的"桥上"视野（左）与"桥下"视野（右）
（作者自摄）

运输与旅游的融合、水路运输与旅游的融合、航空运输与旅游的融合四种形式。而交通组织与旅游的融合具体表现为原来与交通相关的企业，开始成立专门运营管理交通旅游产品的机构。各地纷纷成立交旅集团，或由原有的公路投资集团通过战略转型，转为交通旅游投资集团。例如，2006年重庆市在原重庆高等级公路建设投资公司的基础上组建了重庆交通旅游投资集团有限公司，又在2011年直接改组为重庆旅游投资集团有限公司。同类型的还有宜昌交通旅游产业发展集团、四川广元交通旅游投资集团、黔东南州交通旅游建设投资集团、遵义交旅投资（集团）有限公司等。而交通媒体与旅游的融合则由于交通媒体成本低、靶向性好、到达率和爆率频次高，在旅游宣传方面具有很大的优势，当前交通媒体的各种形式也出现与旅游深度融合发展的态势，旅游宣传纷纷选择在交通媒体上开展营销活动。①

如果像上述这样从交通设施、交通组织、交通媒体等方面认

---

① 《加速交旅融合 呼唤顶层设计 旅游交通专家为交旅融合发展建言》，《中国旅游报》2019年2月22日。

识交旅融合，则桥旅融合应该属于道路（或铁路）运输与旅游的融合类型，因为桥梁就像是公路线与铁路线中重要的线段，在旅游整体线路中，可以成为重要的风景呈现节点，也可以加强交通旅游体验。因此，这里的桥梁又可以看作交通中的一个点，这样的解释看似合理，但并不全面。如若把交通的概念展开，交通的本质是线状的、网状的、系统的，归根结底不能简单地把"桥旅"与"交旅"画等号，也可能是包含与被包含的关系。

2020年国庆长假期间，位于贵州平塘至罗甸高速公路的天空之桥观光服务区开业伊始，就迅速火遍了朋友圈。因其与世界级桥梁——平塘特大桥相邻，更是吸引了电影《我和我的家乡》摄制组到此取景。作为交通运输部"桥旅融合"示范项目，天空之桥观光服务区凭借着得天独厚的地理优势、独具创意的星际时空主题设计理念、丰富多样的文旅业态，成为广大游客纷至沓来的"网红打卡地"。据统计，国庆长假期间，天空之桥观光服务区累计入场车辆21465辆，累计人流量10万余人。[①] 这个桥旅融合项目向我们更多地展示了桥梁在桥旅当中的更多可能性。桥旅成为电影摄制组的选择、成为取景地，也就意味着会有更多的游者慕名而来，那么这里的桥梁就是地标；桥旅成为人们欣赏艺术的过程，不仅要观赏，还要互动，更要能够品鉴和回味；桥旅又成为文化传播的独特手段，创意的融入更加凸显桥旅的特色。因此，桥旅的形式应该是多元的、融合的、聚合的。这么看来，"桥旅"与"交旅"的关系就比较明晰了，二者的优势和侧重点是不同的。"交旅"对于道路旅游整体路线的打造是要优于"桥旅"的，但就

---

① 王仁忠、王欢：《天空之桥服务区 桥旅融合新地标》，《中国公路》2021年第1期。

点的优势而言,"桥旅"又具有十分明显的优势。

对于社会科学研究中经常会出现的"文旅""交旅"而言,"桥旅"算是新生,如何做好桥旅成为旅游业融合的新问题。贵州平塘至罗甸高速公路的天空之桥观光服务区项目其实不仅涉及了桥旅,还涉及了交旅融合整个流程中的服务区、路桥等节点,这些节点不再只是单纯地服务于运输业,而是更多地考量了旅游业的需求,倾力打造文旅融合业态。因此,桥旅在学术上应该有着更广泛的内涵,只有明确了其内涵,才能对研究的准确范畴下定义。对此,要先解决两个紧要的问题。

一是桥旅的视野问题。虽然去桥的梁面上通行,我们俗语里会用"上桥"一词描述,在描述对应所在空间的时候,人们通常会说"桥上",但笔者认为,用"桥上"和"桥下"来描述桥的物理空间会显得有失偏颇,因为还有"桥边""桥头""桥尾"等方位描述。因此,若从桥梁自身的边界限定中去区分空间,用"内"和"外"表述更接近建筑学中对建筑内外区分的方法。

图 1-2　重庆盘龙立交桥不同位置和视角下的不同桥梁(作者自摄)

不可否认的是,桥梁是一种特殊的建筑,它符合广义建筑的定义,但它又与真正建筑的内外不同。对于桥旅而言,桥内空间更多地指向桥体上可供人车通行的空间，包括引桥部分；桥外空间更多地则包含了与桥梁外部环境相关的一切，如桥下净空、桥体接通的两岸、桥体上方的空中视野等。因此，"桥内"根据桥梁规模，有准确的尺度限定。而"桥外"则不容易给予具体的尺度界定，但却可以有方位上的界定。总体而言，桥内空间的视野是向外的，景观视野的视知觉直指桥梁周边的环境，而桥外空间的视野是集中于桥梁本身的，景观视野的视知觉集中在了桥体上。基于此，可以把"桥旅"从物理空间上划分为"桥内游览"和"桥外游览"。

二是桥旅的对象问题。桥旅的对象一定是桥梁吗？桥旅的行为活动描述的是一种从此岸到彼岸的旅途，抑或观赏从此岸到彼岸可通达的体验。因此，我们喜欢桥旅，未必只是喜欢单纯地欣

图1-3 重庆观音桥人行天桥上行人的视野（作者自摄）

赏桥梁的造型和姿态，桥旅带给人的更多的还有一些超越物质的精神财富，除了体验之外，还有人类对交通本身的渴望，以及征服交通阻碍所带来的精神愉悦。重庆的山水格局造就了重庆人造桥爱桥的精神体验，游客来到重庆都会感慨重庆的立体交通体系的发达程度，只看到轻轨遇山穿山、遇楼穿楼，遇到天堑，那就一桥飞架，因此，在山水纵横的重庆，到处是通途。简言之，桥旅的对象应该是一种跨江越水的时空体验，一种要突破人类身体限制（没有翅膀）的自我征服感，甚至是铸造桥梁给生活世界带来巨变的精神鼓舞与震撼。它直指一种动态的过程，而非静态的事物。

第二章　何为"桥旅艺术"

一　从"桥梁美学"到"桥梁艺术"

对桥梁美学的系统研究可以追溯到20世纪三四十年代，1937年，德国结构工程师卡·塞西特勒与弗里茨·莱昂哈特合著出版了《桥梁造型》。1942年，日本鹰部屋福平教授编撰了《桥梁美学》，1965年出版了《桥：美的条件》。莱昂哈特教授是最早系统地研究并实践桥梁美学的专家。1979年，在他的倡议下，国际桥梁与结构工程协会成立了"结构工程美学"工作小组。由此，桥梁美学开始得到普遍关注。20世纪80年代，莱昂哈特的《桥梁建筑艺术与造型》重点研究了桥梁景观与造型效果，提出了桥梁造型中的艺术性。①

由日本学者山本宏编写、1989年在中国发行译本的《桥梁美学》一书在探讨桥梁美学到底是研究什么的时候，特意提到了桥梁带来的"心理引诱力"，认为桥梁形态会产生不同程度的心理引诱力，应当简化桥梁的心理引诱力，创造具有节奏感和紧张感的桥梁心理引诱力，才能在观赏桥梁时达到人体内的身心平衡，这

---

① 梁艳、何畏、唐茂林：《桥梁美学2019年度研究进展》，《土木与环境工程学报》（中英文）2020年第5期。

也是桥梁美学重要的一部分。然后山本宏就桥梁的形式美和功能美展开了关于桥梁美学的论证,主要围绕材料、材质、形式、色彩以及与环境的协调展开论述。①

艺术价值高的桥梁本身是非常协调的,在均衡、稳定、比例、韵律等方面都有其独特的魅力,桥梁与环境和谐统一,有些还表现出一定的文化内涵。通俗地讲,景观桥梁是具有较高艺术观赏性的桥梁,可观("宏观构景、中观造势、近观显巧")可游。景观桥梁应具有以下三个特点。②

(1) 符合桥梁造型美(功能美和形式美)的法则。

(2) 遵循桥梁与环境协调的规律。

(3) 体现自然景观、人文景观、历史文化景观的内涵或具有象征作用。

著名的桥梁建筑工程师、中国工程院外籍院士邓文中先生从工程与艺术的比较中论证桥梁的设计和建造也是一门艺术,并且提出造桥这门艺术应当包含"能、会、美、雅"四个层次。③ 邓院士其实将造桥比喻为一个艺术创作,它符合艺术创作的多层次要求,并且提出桥梁这个艺术品最后应当是带有美学价值的。这是从造桥的工程秩序去谈论造桥的艺术,它为桥梁艺术提出了一种工程师的视角,本质上描述的是建造主体给桥梁客体赋予的多层次美学享受。

---

① 〔日〕山本宏:《桥梁美学》,姜维龙、盛建国译,人民交通出版社,1989。

② 杨士金、唐虎翔编著《景观桥梁设计》,同济大学出版社,2003,第30页。

③ 邓文中:《能、会、美、雅——造桥艺术的境界》,《重庆交通大学学报》(自然科学版)2011年第2期。

学者曹淑上等人也认为重庆桥梁艺术的魅力不能仅在于重庆桥梁数量多、跨径大、桥型全，也应该在于桥梁能带来更多功能和审美层面的愉悦体验，不仅可以在重庆众多的桥中看到浓缩的"桥都"历史，还可以成为一种精神升华陶冶人们的生活。[①] 对于重庆这座城市而言，"桥都"这个名片寄托着太多重庆人对这片山水的情感，江水不再成为一种阻碍，桥梁不仅让天堑变通途，也将众多的江岸链接起来，极大地提高了生活效率和生产效率。

图 2-1 重庆主城区桥梁夜景宏观构景、中观造势、近观显巧（作者自摄）

---

① 曹淑上、张明强、张永水：《重庆桥梁艺术魅力》，《重庆建筑》2006 年第 2 期。

图 2-2　重庆嘉华大桥立交（作者自摄）

学者余莉也从圆明园管理处对改建圆明园过程中所涉及的古桥艺术展开了讨论，认为中国传统的桥梁艺术主要包含建筑、雕刻、造景三个部分。① 学者朱蓉等人以无锡当地的古桥梁为例，从建筑艺术的角度展开研究，认为古桥梁的结构造型、古桥梁的装饰手法和无锡古桥梁的楹联碑记、诗文题刻更能展现无锡古桥梁的艺术特色。② 重庆也有很多古桥，这些古桥历经风雨向后人展示着"桥都"的往昔。并且中国古代桥梁所蕴含的建造智慧也无时无刻不在启迪和陶冶着后人，把属于中国的桥梁文化传播更远。

大部分学者讨论桥梁艺术时主要着眼于将桥梁建筑的结构功

---

① 余莉：《圆明园的桥梁艺术》，《北京园林》2018 年第 2 期。
② 朱蓉、查娜、李镇国：《无锡古桥梁建筑艺术特色研究》，《创意与设计》2013 年第 6 期。

能与其精神寓意、文化内涵相结合，主要是站在桥梁构造的角度探讨桥梁艺术，从建造桥梁的角度延伸出桥梁艺术的内涵，但也有大量与之相似的、更为广泛的研究则开展在桥梁美学领域。

比较有意思的是，也有如杨士金等学者提出了景观桥梁的说法，特意把能唤起人们美感的、具有良好的视觉效果和审美价值、与桥位环境共同构成景观的桥梁称为景观桥梁，认为它可以成为一定环境的主体，也可成为景观环境的载体。因此，桥梁也可以作为文旅的客体，共同构成城市景观。

同济大学的徐利平从建筑美学的视野中寻找桥梁美学的可能性，深刻论述了桥梁美学的起源、传统桥梁美学的原则，以及把桥梁和建筑作为一个整体客观存在的美学呈现，认为桥梁美学的历史主要分为四个主要阶段：传统桥梁美学、近代桥梁美学、现代桥梁美学、当代桥梁美学。桥梁美学的研究开始于20世纪三四十年代德国莱昂哈特利用建筑美学的方法对桥梁展开的一系列关于功能、造型、比例、序列、质地、色彩等方面的美学特性引导下的设计准则。后期经历文艺复兴、资产阶级革命和材料技术革命的影响，桥梁美学又进一步得到发展，主要是引用建筑美学中的哲学方法，围绕桥梁结构美学和桥梁建造艺术展开理论溯源。[1]

桥梁美学专家唐寰澄提出直线运动是明确的，视觉运动快速无阻，没有变化，结合着自然界挺直的事物，象征着刚强有力，因此直线是刚性的线条。但是，布朗运动——毫无头绪的变化方向的直线极不美，因为他认为视觉的运动没有规律，会引起精神上的错乱。由此在桥梁桁架腹杆的布置与设计上应该考虑到透视之

---

[1] 徐利平：《基于桥梁与建筑整体视野下的桥梁美学理论研究》，《公路》2021年第3期。

下,主桁重叠、上下平联、断面连接是否能够依然变化规律明确。还有一种情况,可能拱桁腹杆仍比较杂乱,但轮廓清晰、形式运动比较有力的也会产生一定的美感。而桥梁的曲线也会引导视觉得到和顺的起伏美感,但过分强调曲线,又会让结构显得柔弱。① 另外,除了几何线形的探讨,还有不可忽略的是建筑中经常使用的黄金比例与美的关系,由此可以深入研究桥梁的数理和黄金分割率与美感的联系。

普林斯顿大学的大卫·比林顿教授提出了"结构艺术"(structural art),构建出桥梁设计的"3E"原则。1991 年,美国交通运输研究委员会下属的桥梁美学分委会出版了《世界桥梁美学》一书,这是全球 16 个国家 24 位桥梁美学专家(包括中国的唐寰澄先生)的合著。世纪之交,全球掀起一股建造千禧桥的风潮,这为桥梁美学在人行桥上的应用提供了空间和舞台,为桥梁美学理论与设计方法的研究提供了实践基础。②

当代桥梁美学的讨论也延伸至桥梁所带有的地域文化特色中,桥梁造型中应包含对地域视觉的表达。不仅要考虑桥梁造型、材质的选择,还应当考虑桥梁设计概念定位、桥梁命名等文化要素,桥梁与建筑一样是需要具备人文关怀的。③ 重庆交通大学的桥梁艺术设计团队以包豪斯设计理念为指导,不断进行桥梁造型的创新性设计,在设计创作中实践桥梁美学理论。

无论是从桥梁美学的历史起源还是从桥梁美学在设计建造中

---

① 唐寰澄:《桥之魅:如何欣赏一座桥》,北京出版社,2021,第 138 页。
② 梁艳、何畏、唐茂林:《桥梁美学 2019 年度研究进展》,《土木与环境工程学报》(中英文)2020 年第 5 期。
③ 蔡晓艳、吴曦、曾强:《桥梁艺术造型的地域视觉设计创新实践——以城口亢谷龙隐桥为例》,《装饰》2018 年第 3 期。

的具体运用来说，桥梁美学一直作为一种哲学视野引导着桥梁设计的审美准则。就连学者的研究也经常会把桥梁美学与桥梁艺术放在一起讨论，可见二者的确有非常多的重叠之处。这就不得不提到美学与艺术的具体关系，只有弄清楚美学与艺术的本质区别与具体联系，才能进一步明晰桥梁美学与桥梁艺术的内涵。更进一步，才能得到属于桥旅艺术的学理地位。本质上艺术和美学讨论的并非同质问题，具体到桥梁，桥梁美学和桥梁艺术也不能简单地理解为一个概念。

首先要明晰的是艺术和美学的内涵。美学好比一个企业中的董事长，主要负责原则问题，具体问题则是由总经理负责，而一般艺术学就是这个总经理，至于音乐学、戏剧学、美术学、舞蹈学、设计学等学科，则类似于部门经理。美学虽然什么都不管，但又什么都管，它通用各种分类学科，但是它又没有实际的用处，是通而不用。这里，我们也需要了解一般艺术学、门类艺术学、美学主要都研究什么。通常认为一般艺术学是宏观整体研究各门艺术共同规律的学科；门类艺术学则包含了音乐学、电影学、美术学、戏剧学、舞蹈学、设计学等学科；美学则主要研究艺术的根本问题，是艺术中哲学的问题。结合学者张玉能在《完全脱离美学的艺术学是"跛足"的》一文中的论述：艺术的一些具体的问题，如创作、欣赏、批评等方面的特殊规律，就是艺术学应该着重研究的问题，而美学就可以不去专门研究艺术的具体构思、表现方法、艺术形式、艺术语言等问题。因此，也可以说，美学是艺术的"形而上"的研究，而艺术学则是艺术的"形而下"的研究。中国传统哲学思想指出，形而上者谓之道，形而下者谓之器。因此，美学是艺术之道的学问，艺术学则是艺术之器的学问。

从学科建设层面而言，艺术学是从美学中独立出来的学科。

当我们谈论桥梁美学的时候，与之能够相提并论的学理名词应当是桥梁艺术学。近些年，重庆交通大学艺术设计学院一直致力于构建"桥梁+艺术"的人才培养体系。2017年9月，该学院发挥自身特色，依托学校的优势学科，利用学校桥梁艺术美学国际联合研究中心等平台资源，创立"桥梁艺术创意设计"实验班，开展"艺术+工程"复合型设计人才培养的教学改革试点，积极打造桥梁与艺术学科的交叉融合。①

从前期研究基础的专家学者的学术成果中，可以很容易得到桥梁美学属于哲学范畴，而桥梁艺术属于艺术学范畴的结论。如此一来，桥梁美学应该更多地谈论造桥之道的问题，这是毋庸置疑的，而相对应的，桥梁艺术是否就应该直指造桥器物的具体形式问题呢？如果是传统的学科分类，我们可以理直气壮地讲，有了桥梁美学的指引，桥梁艺术的营造自然就有了章法，但是具体的设计问题到底应该用一种什么样的视野来看待，需要进行更加具体和深刻的思索。

上述针对桥梁美学的研究依托一定的哲学基础，主要围绕桥梁的形态、色彩、材质、结构等方面在美学价值层面的体现展开研究。研究的方向和性质比较相似，但并未真正形成专门的桥梁美学理论或流派。纵观整个桥梁美学理论的发展，研究视角并没有太大的突破，设计人员、科研人员、建筑师或结构工程师一直在前人研究理论的基础上不断深化桥梁美学。

虽然一直有学者不断持续地推进桥梁美学、桥梁文化和桥梁艺术相关的研究，但是关于桥旅的艺术视野却并未真正建立，也

---

① 蔡晓艳、谭勇、曾强：《"艺术+工程"：桥梁艺术创意设计课程中的跨界融合教学实践研究》，《装饰》2019年第5期。

没有关于桥旅艺术的专门性研究著作。本书试图通过艺术学的角度对桥旅展开深入的探讨，把桥梁景观设计的视角从单一的审美维度提升到艺术多元融合的维度。以桥旅艺术为媒介，建构重庆新时代的城市记忆，营建新型特色的重庆文旅。

据此，可以肯定的是桥梁艺术有其明确具体的定义，它是通过对桥梁的桥型、材质、色彩、照明等基础设施的设计与考量，从而协调桥梁与周围环境，在满足硬件功能的基础上提高桥梁的象征意涵、文化释义等软性功能，从而转化为桥梁的视觉表达与空间体验。

二 从"桥梁艺术"到"桥旅艺术"

从前文对于桥梁艺术的辨析可以总结出，桥梁艺术是关于桥梁功能、造型、色彩、材质、命名、设计定位、地域文化等要素在空间中如何表达的艺术，桥梁作为对象，艺术作为方法，其最后结果要满足功能性、审美性、经济性、生态性等多重原则。一旦输出设计结果，容错率是较低的，因为大桥一旦建好，其运营时间几十年到几百年不等，在地理时空中静态的呈现是其最主要的方式。

那又该如何定义"桥旅艺术"呢？它和"桥梁艺术"虽然只有一字之差，但是"旅"字为其注入了动态的表达，即"桥旅艺术"是一种动态的过程，而非静态的呈现。在这里，桥梁是物理环境的载体，旅行的体验才是对象，艺术仍作为方法。其最后要满足更多的空间体验、精神享受、文化传播等结果，甚至包括城市文化符号的输出，还可以成为影像介质的、非物理环境的、多维立体再现的场景空间。

艺术作为方法在桥旅中如何呈现，是桥旅如何呈现融合性与多维体验性的问题,也是桥旅艺术呈现方式的终极问题。一般来说,我们会把在音乐、电影、戏剧、舞蹈、美术、书法等领域造诣很高的专家统称为艺术家,此时我们也就默认这些能够陶冶和抒发人类高阶情感的活动都是艺术的范畴。这些艺术的具体形式都可以发生在如今的公共空间里,桥旅也存在公共性,它与城市公共艺术的介入性有着相似的表达。如今我们在城市公共空间里遇到的艺术所展现的状态,给我们的日常生活带来了什么样的影响,又给外来旅客带来了什么样的体验,也是正确看待艺术介入性活动在桥旅融合实践中的重要问题。

图 2-3 重庆南岸区的鹅公岩大桥夜景(作者自摄)

桥梁本身既占用空间,又提供空间。艺术可以介入空间中,同理艺术也可以介入桥梁中。因此,我们不仅要谈桥梁本身的艺术,还要谈介入桥梁空间的艺术。法国艺术史与美学博士卡特琳·格鲁(Catherine Grount)在《艺术介入空间》一书中举出非常多的都市空间中艺术创作的例子,这些都表现出了都市空间中高度的艺术介入性,其中谈到艺术介入空间有两个最重要的要素。一是艺术作品本身,它代表了上游精神,可以跨越任何界限。如果拿都市里的桥梁来理解,把桥梁本身看作一件艺术作品,那么它也象征了建造桥梁的过程中人类所迸发的特质和精神，这符合我们对艺术品的基本认知。二是作为不相识的个体们集会与交流的公共空间，它提供场所，让群体与个体、个体与艺术、艺术与群体等交互，产生艺术的附加效果。桥梁既然是都市公共空间，那么就可以为艺术交互提供场所。如果一个桥梁不只是成为地标，它还提供了特质景观和文化，在美学和艺术性层面达到一定的高度，那么桥上看风景的人或者仅仅匆匆通过的旅者们由于被同一时空沁润，可以完成情感的共融，这也符合艺术介入空间场所的要义。

如果非要给桥旅艺术做一个定性，则在时间维度上，它可能更接近于当代艺术。或者说跟原始美术、古典美术相比，桥旅艺术更接近于现当代艺术。现代艺术是资本主义现代工业化的体现，而桥旅融合也是得益于工业化生产与工程技术现代化的发展。现代艺术发端于1874年印象派与科学结合的时期，历经印象派（1870年起），后期印象派、野兽派（1900~1910年出现），立体派、表现主义（1910~1940年），未来派（1900年起），超现实主义（1920~1940年）以及抽象派的出现（1940~1960年）。"后现代艺术"源于达达运动和1917年杜尚《泉》作品出现至1989年当代艺术的出现，然而这个说法也不是绝对的，后现代主义艺术与当代艺术必然也是重合交叉的发展，不是割裂的，因此会出现"现代艺术""后现代艺术""当代艺术"广义划代的现象。但是细细追究，桥旅艺术又不完全属于现代艺术与后现代艺术，比如未来派、至上主义、超现实、冷抽象的工业化、科学化及抽象表现主义并不能完全表达桥旅艺术，也并不能用达达主义、新达达主义与现代艺术的超现实主义和抽象表现主义去解读桥旅艺术。而"当代艺术"则是以1989年冷战结束与全球化、信息化开始作为发端，但是当代艺术与后现代艺术在艺术媒介、技术形态上依然有很多相似的特征，更多的是在艺术时代语言和社会性特征上加强了表达的力度。桥旅艺术也是通过艺术媒介、技术形态得到表达和加强，因此可以说本质上桥旅艺术属于当代艺术的范畴，然而并不排除在未来，随着通信技术与混合现实技术的成熟与普及，桥旅可以在线上完成，在"元宇宙"里完成。因此，桥旅艺术的表达还可以是后现代的、超后现代的，应该有着自身独特的艺术设定和艺术表达。

三　桥旅艺术内涵

桥旅艺术的对象并非桥梁本身，而是与桥梁空间有关的事件、体验、精神、情绪。它伴随着旅行而产生，是动态的、可持续的、具有传播价值的。桥旅艺术的内容包括桥梁艺术探讨的基本问题，如功能、造型、色彩、材质、命名、设计定位、地域文化等要素，但除此之外，最紧要的是在时间维度上内容的输入与输出。因此，桥旅艺术的内容应该具体概括为四个空间维度：桥周环境视听、环桥慢行网络、桥上场景交互和桥下文化共创。其中，桥周环境视听包含桥周音场对抗与协调、桥梁视觉加强与隐藏、夜间整体亮化等视听艺术；环桥慢行网络则包含对于城市步道与慢行系统的搭建与完善，在其中加入桥旅的元素与符号，使得滨水沿线的慢行网络彰显地域特色；桥上场景交互将桥看作故事性与文学性发生的场景，在其中加入文旅链，使得"桥上看风景"这一行为动作具有文学和影视等延展艺术空间；桥下文化共创则是个体融入城市公共生活的最佳代表，尤其是城市大量高架桥的桥下空间，包括跨江桥梁引桥部分的桥下空间，这些空间由于其公共性往往可以快速自发地成为城市居民休闲娱乐、文化繁荣的最好去处，处理好这部分城市公共空间，有助于建立具有文化共创精神的桥旅艺术。

桥旅艺术涵盖三个方面的重要价值：经济价值、文化价值和情绪价值。经济价值主要是场景体验、个体体验所带来的消费，文化价值更多的是指向集体意识、历史文化认同、地域符号等，而最值得一提的是桥旅艺术所提供的情绪价值更多地反映在每个个体日常生活的微观断面中。

　　桥旅艺术的经济价值是最有影响效力的价值。虽然它并不是直接体现在某一个具体经济指标上，但是可以综合体现在城市整体受欢迎指数、整体旅游消费经济指标、城市旅游服务业评价等其他关联行业上。桥旅艺术介入城市公共空间环境的营建中，可以提高旅游体验，从而助力旅游业并为其他服务业创收，也可以反过来刺激本地旅游服务业提高服务水平。桥旅艺术的文化价值其实是最具有人文关怀的价值，尤其是对于重庆而言，依长江而居，"桥都"也好，桥梁博物馆也好，桥已经是重庆重要的标志之一，在对重庆的符号化描述中，桥带来的集体记忆、文化认同等具有历史延续性的

图 2-4　福建福州三江口大桥的磅礴气势（摄影：章宸睿）

文化价值都是不可估量的。那是一种具有城市凝聚力的价值，是重庆这片水土孕育出来的独特文化意味。情绪价值是桥旅艺术能提供的一种很重要却很不好描述的价值，然而它的确存在。我国有很多跨江大桥，庞大的工程总能带来气势磅礴的情绪共振。

在笔者的故乡南阳有一条河——白河，古称淯水，是南阳母亲河。其所属水系长江支流汉江支流唐白河上源有一座横跨白河的标志性桥梁建筑——南阳城淯阳门附近的淯阳桥。此桥桥龄与

图 2-5　河南南阳新建成的淯阳桥（作者自摄）

笔者年纪几乎相仿，淯阳桥对笔者来说不仅是故乡的桥，更是承载了笔者整个童年记忆的桥。其于1993年建成，但由于年久不符合安全要求，在2019年被宣布永久封闭。淯阳桥由于在设计之初存在问题，现如今给两岸百姓带来了诸多不便，2021年5月重建开工，投资6.6亿元，新桥计划于2023年竣工投用。但随着桥的重建，陪伴整整一代南阳人围绕淯阳桥展开的生活记忆和烟火气也随之慢慢消失。

淯阳桥标志性的彩虹造型，成为童年和同学约会的地点，每年会在桥头花一元量身高，桥头广场永远有交谊舞爱好者的聚会，每逢佳节，桥头到处是夜市小摊，卖甘蔗、卖花灯、卖冰糖葫芦……所有关于故乡的记忆，有一半发生在淯阳桥头。听闻淯阳桥要被重建的消息，很多市民去淯阳桥头合影留念，希望以此能留下自己内心珍藏的关于淯阳桥的一个个故事。

图2-6　河南南阳滨河公园成为市民和游客观景的好去处（作者自摄）

四　桥旅艺术研究的必要性

桥旅艺术研究是基于桥梁历史发展的延续。最早人们建造桥梁是为了解决通行的问题，为了满足对于跨越障碍、通达彼岸的渴望。而后桥梁美学开始发展，是为了解决精神愉悦的问题，从关注功能到关注形式的转变是为了丰富人们的精神文明。而现在，我们要做关于桥旅融合的研究，是为了解决社会经济发展的问题，同时进一步满足人们构建高度文明的精神世界的需求。中路交科交通咨询有限公司总工程师徐丽在2021年重庆交通大学举办的成渝地区双城经济圈交通发展高峰论坛上提出，我国进入新时代，由于产业、城镇、技术、环境都发生了根本性变化，现如今的全球化的本质是服务全球化，因此未来的交通需求将发生质的变化。工业数字化、网络化和智能化发展会改变供应链，影响交通需求的空间特征；随着输电技术、清洁能源、现代农业和远程协同办公技术的飞速提升，物理空间的交通需求其实会减少，但相反的，旅游休闲、旅游消费、娱乐休闲等产业会加大交通的需求，而桥旅研究正在回应和满足这样的需求。

2019年9月中共中央、国务院印发了《交通强国建设纲要》并发出通知，要求各地区各部门结合实际认真贯彻落实。该纲要指出，应当"深化交通运输与旅游融合发展，推动旅游专列、旅游风景道、旅游航道、自驾车房车营地、游艇旅游、低空飞行旅游等发展，完善客运枢纽、高速公路服务区等交通设施旅游服务功能"。对此，重庆市主要提出以下三条主要对策。

一是打造立体畅联的交通旅游设施。建设高品质旅游码头，以长嘉汇大景区等"两江四岸"核心区为重点，完善水上航线停靠点布局，制定码头及配套设施美化修缮标准，打造长江上游山水旅游文化。充分挖掘山城航运文化底蕴，加强航运历史文化和沿线人文景观的综合保护与开发。加快推动主城区"两江四岸"轨道交通、滨江步道、滨江骑行道、跨江大桥垂直升降梯、中运量交通系统建设，强化各种运输方式的无缝衔接。

二是创新山水特色旅游交通产品。打造集日常通勤、旅游观光于一体的高品质水上旅游交通体系，开行朝天门至九龙坡、朝天门至磁器口、朝天门至广阳岛等水上巴士航线，推动沿线景点"串珠成链"。深度挖掘和开发山城旅游和文化资源，推出重庆至武汉、南京、上海等地长江全域游轮产品。以主城区"两江四岸"为核心，形成以轨道交通、旅游巴士、水上巴士、山城步道为主体的环游体系。

图 2-7　重庆朝天门向外视野（作者自摄）

三是提升交旅融合服务品质。大力推动交通、旅游服务数据跨部门共享、融合、开放和综合利用，提升交通、旅游等跨部门协调联动效能和公共服务能力。开通至景区景点的旅游专线、旅游直通车，打造运游融合示范工程，构建"快进""慢游"综合旅游交通网络。大力推广移动支付，打造城市智能出行系统，推行便捷化、个性化"一站式"出行服务，实现公共交通"一码直达、全程诱导"。①

这是交通强市的重要策略，也是交旅融合的重要基础，而桥梁是交通的线段，是交通的重要节点。桥梁与旅游的融合，构成了桥旅的内核。而如今说到旅行、游览和游玩等活动，我们会对包括桥梁在内的城市公共空间提出一个疑问：旅者之间的交流会消失或者会变质吗？可以观察到，在城市中，广场、路口、车站等一些公共空间，人与人的公共交流已经非常少了，不是说公共交流不发生，而是很明显地发生在别的地方了，比如那些非物质的空间——互联网。因此，现在的"旅行"也未必发生在都市构架里、固定的物质空间里。桥梁旅行也未必发生在桥梁上，或是桥梁周边的公共空间里，可能都转移到看不见的通信网络世界里了。那么桥旅艺术也未必就一定是在实体空间中产生的了，在虚拟的网络里，人们也可以感受到桥旅艺术的魅力。

在建党95周年庆祝大会的重要讲话中，习近平总书记指出"文化自信，是更基础、更广泛、更深厚的自信"。文化自信成为继道路自信、理论自信和制度自信之后，中国特色社会主义的"第四个自信"。② 党和国家如此重视文化自信，是因为中国一直有着提出"文化自信"的底气，只有不断践行"文化自信"，我们才

---

① 《交通强国·试点先行│交旅融合，点亮您的旅途》，交通运输部官方微信公众号，https：//mp.weixin.qq.com/s？__biz=MzI3MDQwMDQ5NQ==&mid=2247524787&idx=1&sn=79cf82c6da3269f0f695a1e9427230c8&scene=0。

② 赵银平：《文化自信——习近平提出的时代课题》，新华网，http：//www.xinhuanet.com/politics/2016-08/05/c_1119330939.htm。

能成为文化强国。而文化旅游以一种前沿的业态践行文化自信，成为文化自信的道路与有效的实践方式之一。文化旅游不仅可以增强我国人民的文化自信，也可以向外输出达到文化强国的目的，无论对内还是对外，文化旅游都不失为一种机巧的文化滋养方式。

图 2-8　福建福州青州大桥（摄影：章宸睿）

　　桥旅无论是在现实物理世界还是虚拟的网络世界都有发展的可能性。旅游经济、交通运输、文化旅游等与政治、经济、文化等息息相关的领域为交旅融合做了铺垫。而对于重庆而言，桥旅更是一种身份归属与文化认同的存在，桥旅融合对于重庆而言，其必要性更加明显。桥旅融合的研究也更易于在与重庆地理相似的地区开展推广，助力交通强国建设，打造地域文化特色，提升文化自信。

第三章 研究路线与方法论

一 线索追踪与板块解构

"桥旅"是基于交通旅游和文化旅游发展过程的围绕桥梁展开主题旅游的表述方式。研究桥旅主要是为了能够形成与重庆桥旅融合相关的公共环境景观艺术因子库，便于将重庆地域文化尤其是桥梁文化旅游的感性认知推向理性分析，为城市景观设计增加深入的研究支撑。如果能找到艺术介入重庆桥旅景观的问题点，通过案例分析与调研，就可以形成纵向的和横向的案例矩阵，从而综合评判案例优点与痛点。另外，也要探索对未来桥旅景观设计思维方法，并进行提案与论证，提升研究的可参考性。根据本课题的研究目标，将主要提出以下三个内容的研究：一是重庆历史文化地理对重庆人集体记忆的影响要素，二是重庆桥旅景观的案例分析，三是艺术介入性在现有案例中的表现分析以及艺术介入重庆"桥都"记忆景观设计的可行性分析。

若主要以桥梁艺术和桥梁融合文化旅游营造的重庆地区相关案例为研究对象，包括1912年以前建造的古代桥梁作为文化遗产与旅游融合发展的案例，1912~1949年建造的近代桥梁典型的美学显征与社会功能影响，1949年以来的现代桥梁美学与旅游业融合发展的艺术营造案例。对丁桥旅的研究以三横五纵衔接的研究思路展开，其中，横向上主要分为三条线索，纵向上分为五大板块和其具体内容（见图3-1）。

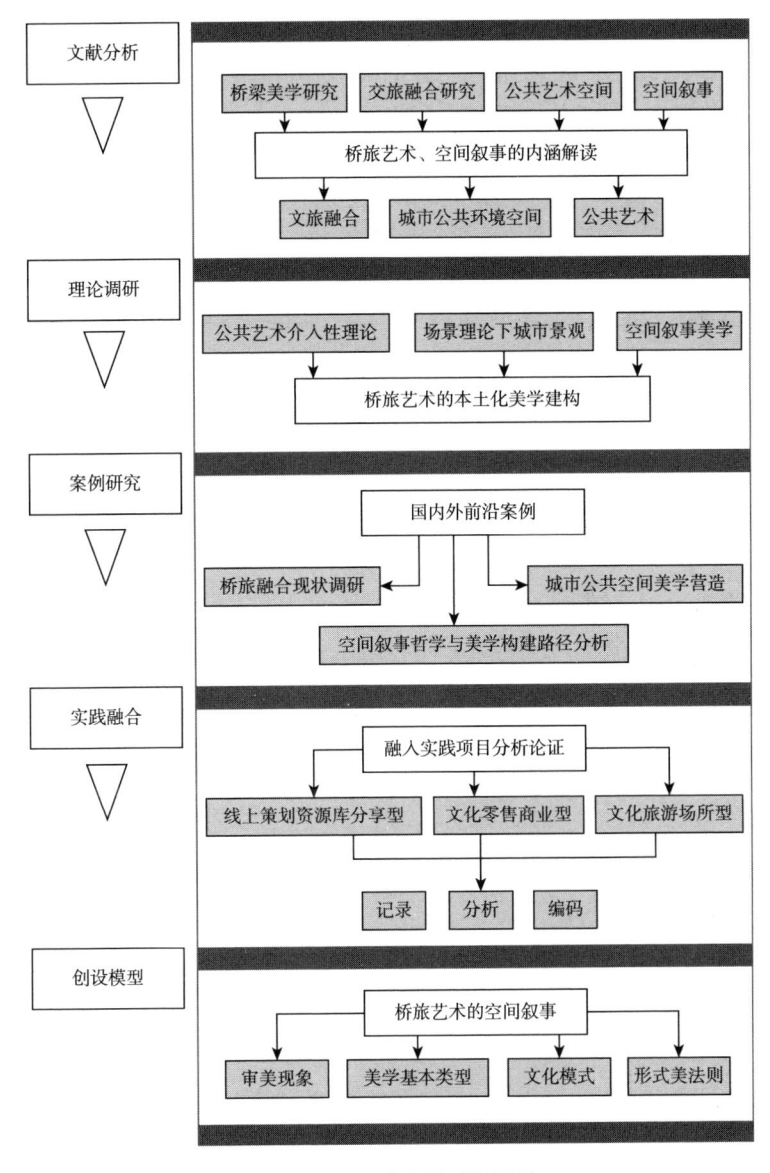

图 3-1 研究框架及思路

一是桥旅艺术的营造规律和审美原则。从中国艺术哲学体系下的美学研究图谱，结合桥梁美学发展历史，指出桥旅艺术研究的必要性、可行性和当前研究的趋势。美学对桥旅艺术介入空间的启示，最后阐明其内在的美学营造规律和审美原则。二是桥旅艺术作为一种美学呈现的空间叙事法则。明确阐述空间叙事美学的概念界定、描述对象、应用法则，辨析桥旅艺术与空间叙事理论最常应用的电影与文学在艺术性上的异同，从而构建桥旅艺术的空间叙事结构，并加入美学立场的研究框架，明确阐述桥旅艺术的空间叙事对应的美学基本问题。三是中国桥旅技术发展带来的审美经验和审美逻辑的形成路径。对现当代桥旅艺术相关的案例和实践项目进行案例剖析，分析影响其审美思想的技术因素和转变路径。

通过解读分析桥梁美学、交旅融合、公共艺术空间、空间叙事等相关领域的文献，对本课题中的桥旅艺术、空间叙事的内涵进行辨析。主要论述的理念是把桥旅艺术与文旅融合、城市公共环境空间、公共艺术三个方面的相互关系厘清；在明晰本课题的基本概念与内涵之后，需要对桥旅艺术的本土化美学构建做理论上的调研。主要从空间叙事美学、公共艺术介入性理论、场景理论等相关理论入手研究，通过分析各理论之间的叠合要素，搭建适用于本课题的理论体系；针对重庆市前沿案例的桥旅融合现状、城市公共空间美学营造进行分析，对比研究国外前沿案例的空间叙事哲学与美学构建路径。将前期搭建的桥旅艺术本土化理论应用于国内前沿案例的分析，找出其存在的空间叙事结构短板与问题；主要沿着桥旅艺术线上策划资源库分享、桥旅艺术相关的文化零售、文化旅游场所营建的实践项目进行美学要素的归纳和演绎。对于实践项目中产生的美学思想和审美要素进行记录、分析和编码，为后续创设模型做好基础；根据理论搭建与案例分析，创设桥旅艺术的空间叙事模型，从而进行桥旅艺术在空间叙事中的审美现象分析、桥旅艺术关于空间叙事美学的基本类型论证、桥旅艺术空间叙事美感的文化模式分析、桥旅艺术形式美的基本法则四个基本问题的研究。

二 重点追踪和难点突破

对于桥旅艺术研究而言，一是要建构桥旅艺术的本土化美学，这是支撑整个课题最核心关键的理论部分；二是要创设桥旅艺术的空间叙事模型，其对课题最后的研究结构起到至关重要的作用。

对美学发展历史脉络中与桥旅艺术相关的要素进行大量整理和分析，并从错综复杂的美学流派中梳理出桥旅艺术可以运用的美学思想。将桥旅艺术的空间叙事从电影和文学的空间叙事中区别开来，从空间叙事的哲学论证到空间叙事的美学层面，分析不同类型的桥旅艺术空间叙事美学背后不同的文化模式。

本书总体要寻找城市桥旅艺术与城市道路、城市建筑、城市公共空间等共同营造时所呈现的美学语言、美学逻辑和审美经验。具体分为三个阶段：第一个阶段需要跳出桥梁建造的视角，在桥旅融合的视域下寻找桥梁美学创作理论；第二个阶段要梳理出与桥旅艺术相关的科技发展脉络，找到科技发展与美学经验的互动机制；第三个阶段则应明晰桥旅艺术在空间叙事中所应体现的文化内涵及其美学规律。

研究视域应当有纵向深化和横向扩展，桥旅艺术原本属于交通旅游领域的分支，本课题将交旅融合进行延伸与深化，围绕我国交通建设特色，对其美学显征进行研究，从而构建属于桥旅艺术的美学框架。本书除了希望对重庆历史脉络中关于桥梁艺术的文化因子进行整理和分析，并从中提取重庆城市记忆的关键因子，还意在对重庆以桥梁艺术为特色的文旅融合探索出创新的模式，以区别于传统文旅模式；本书也希望在研究视野上进行拓展，比如结合数字化与智能化，加快重庆城市更新的升级和推动重庆地域景观特色在桥旅融合中的作用。在学术思想上，本书将交旅融合进行延伸与深化，围绕重庆的"桥都"特色，对原本研究博物馆学的 Larchiveum 和 GLAM 理念进行整合，为重庆的桥旅艺术介入性研究提供新的融合机制，从而探索出新时代城市公共环境景观设计机理（见图 3-2）。

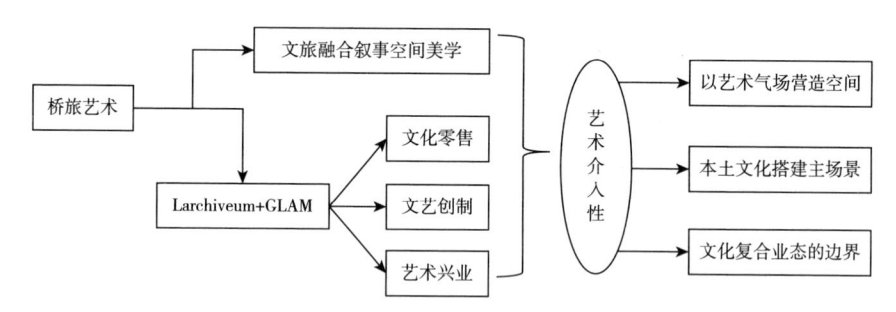

图 3-2　桥旅艺术研究与 Larchiveum 和 GLAM 理念的融合

三　范例实证和观点创新

桥旅艺术可以被看作美学的研究对象，有其独特的审美现象、基本类型、文化模式和形式美法则。空间叙事是一种表达的视角，同时也是城市空间艺术营造的手段。从视角到手段，需要建立起可实践、可操作的理论模型。中国本土化的桥旅艺术实践应当结合中国艺术哲学和空间叙事美学等多个领域进行综合研究，所构建的美学思想可以是多元统一的。

第二部分
城市记忆之桥都意象

第二部分主要针对以桥梁空间体验桥梁文化为主题的旅游体验中涉及的城市记忆做详细的解析，重庆之所以被称为桥都，不仅因为其桥梁数量众多、桥型丰富，更因为其桥梁文化和城市记忆间千丝万缕的联系。

第四章　城市记忆的理论沿革

1925年，莫里斯·哈布瓦赫（Maurice Halbwachs）提出了"集体记忆理论"，虽然人们对于集体记忆的讨论很早就开始，但是哈布瓦赫从梦、语言、家庭、宗教、阶级等层面系统阐述了集体记忆的内在机理，成为集体记忆理论的集大成者。[①] 哈布瓦赫认为，集体记忆是"一个特定社会群体之成员共享往事的过程和结果，保证集体记忆传承的条件是社会交往及群体意识需要提取该记忆的延续性"[②]。集体记忆理论的提出，对于人们理解自身记忆是如何被社会文化吸纳的过程十分有益。帮助人们形成集体记忆的文化符号和文化符号的生成方法也被相继研究出来，在社会心理学基础上形成的集体记忆影响着群体意识，并逐渐被放大，集体意识也在社会交往中被集体记忆不断加强。因此，那些在社会群体之成员的共享中被沉淀或提取出的符号完成了记忆的集体延续，从而产生时间与空间的交融、历史与文明的延续、身份与情感的归属。集体记忆的相关研究大多基于国家或族群，从而与国家记忆、民族记忆、城市记忆等社会学研究具有更紧密的联系。

---

① 程艳林：《哈布瓦赫集体记忆理论的当下解释力》，《宁波教育学院学报》2020年第6期。

② 〔法〕莫里斯·哈布瓦赫：《论集体记忆》，毕然、郭金华译，上海世纪出版集团、上海人民出版社，2002，第40页。

集体记忆的研究对我国学界影响较大，上海大学的白子仙将集体记忆理论经验研究归纳为七个维度——认同、世代与分层、集体失忆、暴力与权力、流言与集体记忆、声誉与集体记忆、集体记忆的连续性，并认为一段历史要成为特定文化系统的集体记忆，需要在影响集体记忆的构建和演化的三个主要方面即叙事框架、主体诉求和复现机制的共同作用下才可能实现。①

近年来，随着国内文化旅游的发展，有关城市维度的集体记忆研究也逐渐丰富。城市记忆植根于城市文化，包含了城市的往昔。但所谓的"城市记忆"更多存在于特定历史事件或人物的活动空间，在一个地理坐标中承载着特殊的情感空间。国内关于城市记忆的研究，偏于对城市历史的宏大叙事、城市日常生活的再现，或城市政治空间、城市景观空间的呈现，其中也包含着城市居民对城市集体记忆的建构和重建，是凝结城市文化情感和身份认同的基础。

城市记忆其实是对集体记忆限定了场所，本质上也是一种集体记忆，带有集体记忆的一切属性。只不过在城市这个带有地理性限定和社会性限定的名称下，城市记忆被纳入了纵向的时间要素，并通过城市集体创造与认同，在横向社会体系逐步建构起来。城市记忆不能直接等同于城市认知或城市意象。虽然两者都是由人与外部环境的双向作用而产生，但究其根本，城市记忆更能凸显时空交叠过程中被社会群体选择并集体提取的重要内容。②

由此，可以更加明晰城市记忆与集体记忆的关系。城市记忆

---

① 白子仙：《集体记忆理论经验研究的七个维度：1989~2009》，《经济研究导刊》2010年第6期。
② 朱蓉：《城市记忆与城市形态——从心理学、社会学视角探讨城市历史文化的延续》，博士学位论文，东南大学，2005。

是城市群体或者个体对记忆对象在时间与空间中不断交互产生作用的过程，经过漫长的时间累积，被不断延续的集体创造、调整、修复、解构、重构，最终形成并被保存，抑或继续演化下去。城市记忆是集体记忆当中比较重要的一种，城市记忆具有被人们选择和社会主动建构的特性，比如，城市记忆可以感知到城市建设或者发展历程中比较重大的历史事件或纪念性社会活动，尤其关注城市时空中较为经典的建筑景观、文化遗产等，是反映社会群体对城市各个时间断面内的有形物质环境和无形精神文化的共同记忆。它囊括了自然、历史、文化、社会、情感等丰厚要素，承载着世代人们生活繁衍的历史信息，反映着城市在不同时代发展变迁的轨迹，是彰显城市特色与地域文化魅力的重要基石。

城市记忆要素内涵丰富、形式多样，虽然城市记忆并不等同于城市意象，但深度挖掘城市记忆要素对于构建城市的地方特色具有重要作用。在西方的研究语境中，城市记忆与集体记忆（collective memory）的概念往往不存在较大意义上的分歧，研究者多根据自己的习惯选择性地使用或混用。事实上，城市记忆作为人类集体记忆的结晶，其既是一种物质客体和物质现实，又是一种附着于物质现实之上的、为群体共享的象征符号，它高度浓缩了社会群体对城市历史重要事件、人物、场所、情境等的记忆，兼具历时性和集体共识性。此外，文化记忆（cultural memory）、实践记忆（practice memory）等概念也与城市记忆相关联。比如，德国的埃及学研究者扬·阿斯曼在其《文化记忆》中将"记忆"引入文化学的研究领域，首次提出了"文化记忆"的概念，指出文化记忆是一个民族或国家的集体记忆力，其记忆传承媒介包括仪式和文化两种类型。实践记忆的概念来源于涂尔干仪式过程的"集体表象和集体欢腾"，其强调个体在集体欢腾的场域中受到情绪的渲染,转而进入在场情境,潜移默化地习得和浸染群体的日常文化、仪式习俗、实践规则和程序等,并在无形中形塑人们的实践记忆。因此,城市记忆作为地域文化和情感体验的鲜活载体,通过世代沿袭,集中展现着城市空间孕育的历史信息、文化内涵、地方关怀和人文情感,具有突出的实践表征和文化内敛。①

薛菲提出,城市记忆产生于城市空间中承载的一系列事与物,比如城市公共空间的塑造对于人的心灵具有巨大的感染力,它可以唤醒人们对一种场景的回忆与联想,并让人们感受到自身与环境的融合。②钱智勇提出,城市记忆由一系列代表不同时期的历史文献资源、建筑、街道和文物古迹等历史坐标点串联而成,是一个城市形成、变化和演进的轨迹和印痕,也是一个城市历史悠久、文脉深厚和生命力顽强的象征。③

相比于已有研究关注于城市记忆对文化情感和身份认同的重建,本课题的学术价值是将着眼点放在了城市记忆对文旅融合的推动上,更具有创新性。同时,本课题的研究对象是兼具浓厚桥梁特色和高度旅游价值的城市——重庆,意在为城市记忆研究与文旅融合研究搭建起理论路径,为创造经济价值进行学术论证和提供可能性。

关于桥梁的城市记忆,人们通常会想到那些耳熟能详的名字和历史故事,如伦敦的伦敦桥、巴黎的凯旋门、纽约的布鲁克林

---

① 周玮、朱云峰:《近 20 年城市记忆研究综述》,《城市问题》2015 年第 3 期。
② 薛菲:《城市开放空间风景园林设计与城市记忆研究——深圳中心区公园设计案例》,《中国园林》2006 年第 9 期。
③ 钱智勇:《基于信息服务网格的城市记忆资源整合研究——以长三角地区城市记忆资源整合为例》,《国家图书馆学刊》2008 年第 1 期。

桥、柏林的哥白尼桥、旧金山的金门大桥等。桥梁旅游体验能够将城市记忆体现在多种方式中。游客可以在桥梁上亲身感受城市的历史风情，通过桥梁去追溯城市在不同时期的变迁，从而体验城市的记忆。桥梁上也可以展示当地历史文物，让游客更多地了解城市文化，体会传统文化的智慧。此外，旅游者也可以在桥梁边的河流、公园和街道上欣赏到城市的风景、灯光和建筑，感受城市记忆的气息。

第五章　重庆桥旅记忆

一　重庆的历史

重庆地处西南，在旧石器时代已经出现了中国最早的人类——巫山人。而在接下来的漫长岁月中，此地先民们在旧石器时代晚期又创造了"铜梁文化"。在夏王朝，此地又诞生了"巴国"。而历史有载的重庆建城之始则是在公元前316年，秦派张仪带兵灭巴，筑巴郡城。汉朝时期，巴郡称"江州"。隋文帝开皇元年（公元581年），因为嘉陵江古称"渝水"，所以此地又被称为"渝州"。从此，重庆开始有了"渝"的简称。而此地真正得名"重庆"，则是北宋时期赵惇登基称帝，自觉"双重喜庆"，重庆由此得名。

尔后，重庆在明洪武年间修建了十七道城门，重庆老城的格局就此形成。又经历了清康熙年间"湖广填四川"，重庆人口大增。1895年，清政府与日本签订丧权辱国的《马关条约》，致使重庆成为第一批向日本开放的内陆通商口岸。各国纷纷建立领事馆，派驻领事，设立租界。1929年，重庆正式建市，为国民政府省辖市。随后，重庆成为中国抗战时期的政治、军事、经济、文化中心。

1941年，日军轰炸重庆，渝中区公共防空洞中的将近8000名市民窒息死亡,史称"大隧道惨案"。1938年至1944年,日军多次轰炸重庆,重庆民众死伤惨重,但没有丝毫屈服。1945年抗战胜利,国民政府还都南京,定重庆为陪都。同年,国共两党在此进行了为期43天的著名的"重庆谈判"。1946年,李公朴、郭沫若、陶行知等60余人因在较场口庆祝政治协商会议成功被国民党当局派特务和暴徒打伤,史称"较场口血案"。

1949年4月,人民解放军解放南京,国民党反动派残余势力再次回到重庆。11月27日,重庆解放在即,国民党反动派逃跑前,对关押在渣滓洞、白公馆等监狱的革命者进行了大规模屠杀,史称重庆"11·27"大屠杀,有300多人遇害。同年,中国人民解放军进入重庆,重庆解放,成为西南大区的中央直辖市。1954年,重庆直辖市撤销,与四川合并。1964年,国家开始"三线"建设,重庆再次迎来大量内迁职工。直到1997年,第八届全国人民代表大会第五次会议批准设立重庆直辖市。

现如今,重庆是中国第四座直辖市,被称为"山城""桥都""雾都",既能寄情于好山好水观光游玩,又拥有现代化国际大都市的魅力和时尚潮流。但是倘若要从这么悠久漫长的历史当中寻找属于重庆的城市记忆,既要回顾历史,又要观照现实,并非某个事件、某段时间的单维度描述可以达到的。

二 重庆和桥有关的城市记忆

对重庆而言,最大的城市记忆来源于地理与气候环境。无论是两江的交汇还是山体坡地的限制,都内蕴着重庆人的悲欢离合和生活本真。重庆人的日常沿着江水展开,必然也和桥有了密不可分的关系。现如今,嘉陵江上三座大桥水土嘉陵江大桥(水土新城大桥)、蔡家嘉陵江大桥、礼嘉嘉陵江大桥同时通车。至此,重庆中心城区累计建成跨江大桥 33 座（市政道路桥）。其中，跨嘉陵江大桥 19 座，跨长江大桥 14 座。这么多跨江的桥，无论是建造过程还是使用过程，都是在江面上一点一点展开的，像是缓慢展演的剧目，关于桥的每一个故事都在市民的交通生活中被慢慢讲述开来。

图 5-1　重庆纪念江边生活的城市记忆景观雕塑（作者自摄）

重庆桥的故事要从造桥开始讲起，在参与重庆一座座桥梁建设的过程中，建桥人对重庆桥梁有着特殊的情感。刘成清是重庆有名的桥梁专家，曾担任重庆城建集团桥梁分公司总工程师，刘成清用自己的修桥经历见证了桥梁建设给城市带来的变化以及重庆成为"桥都"的过程。据刘成清回忆，20 世纪 80 年代的重庆，主城跨江大桥只有牛角沱嘉陵江大桥一座。由于交通不便，想要从南岸、江北去到渝中区，无论是人还是车都要依靠过江轮渡。轮渡早 5 点开航，晚 10 点收班，那时熙熙攘攘地乘坐轮渡也是重庆城里的一大景象，很多市民都对此记忆深刻。不过，由于重庆经常出现大雾，乘坐轮渡的市民饱受过江之苦，下午三四点钟大雾散去才上船是常事。说到这里不得不提到重庆的义渡。在以前造桥技术还不发达的时候，只要有大跨度江河的地方，由于通行的需求，经常会有乡绅捐赠义渡。这和后来慈善捐钱修路是一样的，本质上都是解决生活需求的问题，需要打通交流往来的路。在当时的老重庆，义渡非常多，有海棠溪义渡、鱼洞义渡、李家沱义渡、大渡口义渡、猪肠子义渡、木洞义渡等，其中，最大的一个要数海棠溪义渡。据说，当时海棠溪渡口由于发生了恶性超载事件，致人死亡，湖广填四川时期来到重庆落户太和场、后来发了财的廖家担起了海棠溪义渡的大头，廖春瀛捐出年收入田租357石谷子的田土，并追加4712两银子。基于廖乡绅的捐款，海棠溪义渡管委会的乡绅们后来妥善运营，廖家子孙一直守护，海棠溪义渡才算风风雨雨走过近百年历史。对于重庆人而言，没有大型桥梁出现在长江之上的时候，也有各种方式团结起来解决跨江通行的问题。但也正因为过江交通不便，重庆人对桥梁建设有着很高的热情和渴望。

后来的重庆长江大桥修建时，江北、渝中和南岸的居民也非常积极。受人力物力财力限制，修建一座跨江大桥非常不容易，需要举全市之力。刘成清说，重庆提的口号是"人民大桥人民建，人人都要为大桥作贡献"。珊瑚坝出现了"万人齐碎鹅卵石"的壮观场面，工人、军人、学生、妇女都参与其中。当时，《重庆日报》报道这一盛况时，说珊瑚坝工棚、食堂、库房林立，像个集镇，被人们亲切地称为"桥工新村"。

刘成清至今记得1980年7月1日重庆长江大桥通车，这让两岸市民出行变得风雨无阻，从桥的一头走到另一头不过十来分钟。自直辖以后，重庆建桥的速度加快，从最初的几年建一座桥发展到一年同时开工建几座桥。石板坡长江大桥复线桥和菜园坝长江大桥同时开建，朝天门长江大桥、鱼洞长江大桥和嘉华大桥同一天开工，这种桥梁建设的"大手笔"让重庆市民习以为常。刘成清说，随着石门大桥、黄花园大桥、嘉华大桥等桥梁通车，沙坪坝、观音桥、鸿恩寺等地逐渐繁荣，曾经的荒芜之地变成了热闹的商圈和居住区，桥梁与重庆城市发展结下了不解之缘。由于修建的桥多，主城区平均每5公里就有两座大型跨江大桥，60%左右的市民每天要经过两座以上的桥梁。刘成清说："如今，重庆市民说起城市名片，除了想到美女、火锅、山城外，还会想到'桥都'。"对重庆市民而言，桥梁已经成为绕不开的民生工程。

重庆的桥梁不只是交通工具，也是城市的艺术品。建桥造桥的记忆也成为一代人的记忆，随着城市的发展和工程水平的提升，这段集体记忆也被不断强调，成为重庆的城市记忆。后来，由于重庆的桥梁数量多、规模大、技术水平高、多样化、影响力强，茅以升桥梁委员会2005年会认定重庆是中国"桥都"。2006年5月10日，《重庆日报》在要闻版位置推出了《重庆"桥都"名副其实》的报道。同月28日，《重庆日报》又在头版显著位置报道了重庆长江大桥的姊妹桥——石板坡长江大桥复线桥《千吨钢箱梁与大桥成功合龙》的消息。当时，刘成清就担任石板坡长江大桥复线桥项目总工程师，那时的他已60多岁。

"石板坡长江大桥复线桥为钢混结构，主跨330米，是同类桥梁中的'世界第一跨'。"刘成清认为，重庆的桥梁创新打破世界纪录并非刻意而为，而是解决问题的需要。比如石板坡长江大桥复线桥，与老桥重庆长江大桥主梁净距仅5米，既要满足新桥的其他桥墩都必须与旧桥的桥墩位置对应的要求，又要满足现行规范通航要求，唯有把两个主跨之间的P6深水基础桥墩去掉。如此一来，复线桥的主跨就变成330米。重庆的造桥很多时候就是出于真实的需求，并非炫耀技术或求网红出位。但是重庆的地理环境特点又使得每建一座桥解决一个山城通行问题，重庆就会又添一抹迷人的风采。因此，重庆的桥梁成了重庆地域文化认同感的一部分。刘成清自己也希望重庆在建设桥梁的过程中，更多地考虑将桥梁作为艺术品精心打造。比如，结合桥梁自身特点为桥梁定制个性灯饰，让"山水城桥"交相辉映的美景为重庆夜景增添风采。

"姊妹桥、轨道桥都将为'桥都'建设注入新内涵。"刘成清说。如今，黄花园大桥、嘉华大桥等桥梁每天的车流量都很多。随着交通需求的增加，主城可能会出现更多的像重庆长江大桥和石板坡长江大桥复线桥那样的"姊妹桥"。"桥上跑汽车、桥下跑轻轨的奇观也将是'桥都'的特色。"刘成清说，随着轨道建设提速，重庆城市将出现更多公轨两用桥，它们将成为城市的新风景。除了现在的旅游热点千厮门大桥外，曾家岩大桥、红岩村大桥等轨道桥建成后，都将成为新的旅游景点，桥旅艺术的融入显得更为迫切。

伴随重庆慢慢走上交通强市的正是那些见山穿山、见江跨江的道路交通，而桥梁和隧道成了串联整个城市交通路线的关键。如果查看2022年重庆限行最新规定，会发现重庆限行规定限行范围主要是桥梁和隧道：高家花园大桥及复线桥、石门大桥（双向）、嘉华大桥（双向）、渝澳大桥、嘉陵江大桥、曾家岩大桥（双向）、黄花园大桥（双向）、千厮门大桥（双向）、朝天门大桥（双向）、东水门大桥（双向）、长江大桥、长江大桥复线桥、菜园坝大桥（双向）、鹅公岩大桥（双向）、真武山隧道（双向）。有外地游客不解重庆限行政策：只限桥隧管用吗？本地人饶有兴致地解释，在重庆，限制住桥，就限制住了交通。由此可见，桥对于重庆人的生活而言，意味着与生活通勤挂钩的诸多事情。随着重庆城市化的发展与更新，渝中区的人口渐渐向南岸和江北转移，很多年轻人也逐渐在江北区、渝北区等内环以外的区域安了家，桥就是老城和新城之间的联系通道，过桥也成为日常生活的一部分。

图5-2　重庆正在建设的高架桥梁与城市景观相得益彰（作者自摄）

第三部分
桥旅艺术之当代凝视

桥旅艺术既然被称为艺术，其与当代艺术在概念范畴、发展时间和理论脉络上有着诸多联系。第三部分主要针对二者的异同做论证阐述，以求在艺术界为桥旅找到合适的位置。

第六章　桥旅与当代艺术的碰撞

　　桥旅是一种更为具象的旅行，桥在这里不仅是承载旅行的空间，更是旅行体验的对象。对桥旅而言，人是旅行的主体，桥梁是旅行的客体；而若要构建桥旅艺术，桥旅则成为一种独特的艺术形式，与桥旅有关的一切周遭都变成了艺术介入性的、独特的体验对象。换言之，人在桥旅当中得到的独特体验可以来源于艺术结构的搭建。从学术层面来看，桥梁研究和桥旅研究的所指对象不同，桥梁研究面对的更多的是工程领域的结构问题，而桥旅研究则更多关注人文社会科学领域的关系问题，桥旅艺术则更为具体地、深入地剖析桥旅的可能性和艺术介入性。

　　如果从内容层面具体分析桥旅艺术，那就要首先和当代艺术放在一起比较探讨。前面说到当代艺术的范畴包括装置艺术、行为艺术、观念艺术、跨媒介艺术等，形式越来越多样，也越来越宽容。由于当代艺术的表达内容十分宽泛，涉及的表达形式也非常丰富。在艺术领域，人们往往认为当代艺术更具不可捉摸的神秘感，似乎没有典型的特征来形容当代艺术，反而这种不确定性构成了当代艺术的张力，因为它总归是与时俱进的、生在当代的。随着技术、思想的进一步发展，所谓的"当代艺术"又会变为历史，从而进化出超当代的某种艺术分界，然而这需要整个社会打开丰富的想象力。桥旅艺术暂且属于当代，不仅因为时间维度的相遇，更重要的是桥旅也开始有了当代的个性语言，应当开始表达和诉说着属于新时代的故事。

　　桥旅艺术与当代艺术在概念范畴上有着诸多异同。首先，它们所涉及的艺术表现形式不同。桥旅艺术以油画、水彩画、书法、版画、雕塑、水粉画等传统的表现形式为主，而当代艺术则拓展了传统艺术的表现形式，把摄影、装置艺术、行为艺术、新媒体艺术等各种新兴形式带入它的艺术创作中，以不同的视角去表达自身的观点。其次，桥旅艺术与当代艺术在创作主题上也有所不同。桥旅艺术以桥梁为主题，以表现出桥梁的特点、艺术形式以及反映出桥梁的历史文化背景作为其特征，而当代艺术则以现实社会的目前状况、社会问题为主题，以更深入的艺术表现形式来表达自身的观点。当代艺术的视角认为，城市中的桥旅艺术应该以更加创新和多样化的方式发展，以发挥其作为空间艺术的潜力。桥旅艺术可以将城市中的特色及其独特的文化融合在一起，使其成为一个更加有趣、多样化和完整的空间。桥旅艺术可以利用多种媒介，如线条、色彩、质感等，创造出精致的艺术形式，以及多样的视觉效果。此外，还可以利用声音、光线等元素，来表现城市中的桥旅艺术，使之更加美观。

　　想要理解桥旅艺术与当代艺术的邂逅，除了简单的时间线索，其实还有一种独特的视角就是互联网技术打开了人们观察世界的角度，扩展了认知的维度。人们与桥的空间关系，从桥上到桥下，从桥下的水岸再到高空的俯瞰，从相机的镜头再到互联网的媒体，以至于后来，我们可以足不出户就轻轻松松地完成桥旅的体验。这得益于科技和互联网的进步，也得益于人类对艺术的想象视野与原始渴望。航拍成为一种新的形式，也成为一种新的观察城市的视角。

图 6-1　傍晚时分的福建龙岩大桥的光色与城市空间艺术相得益彰（摄影：章宸睿）

图 6-2　建设中的福建平潭公铁两用大桥（摄影：章宸睿）

第七章　桥旅与城市的图底关系

桥旅既离不开城市公共空间的开放关系，又离不开城市公共环境景观作为对象。桥旅和城市存在一种强烈的图底关系，通过各种层次和维度的城市内容物共同构建。一个好的桥旅体系设计是可以反映出良好的城市公共环境景观设计的。

艺术视野下"桥旅艺术"作为城市公共艺术存在。欧美国家在20世纪80年代末展开了公共艺术的论战，艾伦·拉汶（Arlene Raven）开始讨论符合公共利益的城市艺术；从90年代开始，麦肯·迈尔斯（Malcolm Miles）将城市公共空间中的艺术与都市远景相联系，展开了传统类型的公共空间艺术研究；而后，更多现代主义和后现代主义的公共艺术研究开始转向探讨新型的公共艺术作品。苏珊娜·雷西（Suzanne Lacy）、彭妮·鲍金·巴赫（Penny Balkin Bach）认为除了城市雕塑以外，城市建筑、桥梁等公共基础设施也成为城市新地标，并开展了新型公共艺术、社区及其场所意义的探讨。而进入21世纪后，法国学者卡特琳·格鲁（Catherine Grout）借由"扩大艺术概念（Erweiterten Kunstbegriffs）"以及"社会雕塑（Sozialen Skulptur）"的理念强调将社会环境作为艺术参与文本。而桥旅的艺术具有双重的存在形式，都市空间内的实体存在与推动个人或群体的讨论和参与。桥旅的空间是集合的空间，尤其是一个可以让人相遇、相互聆听的空间，一个含有视觉与听觉的空间。由此，可从公共艺术的视角出发，将桥旅艺术融入城市公共环境景观设计中。

工程视野下"桥旅艺术"被作为桥梁美学与桥梁艺术的延伸。桥旅艺术介入城市公共环境景观设计有助于打造立体畅联的交通旅游设施，助力重庆建设高品质旅游码头。以长嘉汇大景区等"两江四岸"核心区为重点，完善水上航线停靠点布局与空间美学营造，打造长江上游山水旅游文化。充分挖掘山城桥梁文化底蕴，加强桥梁历史文化和沿线桥梁人文景观的综合保护与开发。桥旅艺术在介入城市品牌和城市文创的同时，促进山水特色旅游交通产品创新。深度挖掘和开发山城旅游和文化资源，推出以重庆主城区"两江四岸"为核心的桥上桥下桥周为主体的环游体系。提升桥旅融合服务品质。推动交通文化繁荣、旅游服务品质提升，提升艺术共享、工程融合、综合开放的跨部门协调设计效能和公共服务设计水准，开发特色的桥梁旅游专线，构建"慢游"综合旅游交通网络。

重庆有着城市公共环境独特的美学气质，桥旅应该作为一种新型公共艺术介入城市公共环境景观设计中；在交通强国政策引导下，市内外关于交旅融合的相关研究已经有了一定的基础，亟待补充桥旅等相关深化研究。桥旅艺术是基于桥梁历史发展的延续。最早，人们建造桥梁是为了解决通行的问题，为了满足对于跨越障碍、通达彼岸的渴望。而后桥梁美学开始发展，是为了解决精神愉悦的问题，经历了从关注功能到关注形式的转变，丰富了人们的精神文明。桥旅艺术的研究是为了在促进社会经济发展的同时，进一步满足人们构建高度文明的精神世界的需求。桥旅艺术研究正是对交旅融合理论的回应与深化，为桥旅融合研究与城市公共空间环境景观设计搭建起理论通路，可以为创造经济价值进行学术论证和提供可能性。

图 7-1　广西柳州红光大桥与城市公共空间环境景观
设计融合（摄影：何俊涛）

图 7-2　桥旅视角下的广西柳州红光大桥（摄影：何俊涛）

第八章　作为城市记忆伦理叙事的桥旅艺术

一般学科语义上，通常认为建筑有着内蕴的伦理功能和精神气质，认为建筑的伦理功能表现在把昔日建筑的精神气质中推崇的公共价值和神圣价值用艺术形式表现出来。[1]

一　城市记忆

城市记忆的影响可以分为实践性的和非实践性的。实践性的城市记忆指的是那种可以实践方式体现的记忆，比如把具有某种特殊文化、艺术、历史和社会意义的建筑物通过桥旅艺术的形式重现出来，让市民重温过去的记忆，从而使得他们能够更好地理解自己的城市。非实践性的城市记忆指的是那些可以通过艺术表演、文学作品、档案等形式来展示的记忆，这样一来，桥旅艺术就可以让更多的人去体验城市的历史和文化，从而使得城市桥旅艺术的发展有了更大的支持。实践性的城市记忆可以通过创作表演、表演艺术、艺术实践以及跨学科研究来帮助人们在桥梁空间里体验到城市记忆，从而增加对城市生活、城市历史和城市空间的理解和认知。跨学科研究能够通过把不同学科的知识和技能结合起

---

[1]　秦红岭：《建筑伦理学》，中国建筑工业出版社，2018。

来，为桥梁空间的城市记忆体验提供新的视角和创意。例如，可以结合历史学、地理学、建筑学和艺术学，挖掘桥梁设计过程中的记录和经验，建立一个多样化的叙事空间，让人们更加深入地发现和欣赏桥梁空间的城市记忆；可以通过交互式展示、视频、游戏和虚拟实境等形式让人们在桥梁空间里体验到实践和非实践性的城市记忆；还可以在桥梁空间中安装交互式屏幕，通过视频、图像、声音等方式将历史和文化元素融入桥梁空间，让人们更加深入地了解城市的历史。此外，也可以安装虚拟实境设备，让游客体验城市中的景观、建筑和文化历史。一些具有实践性的城市记忆项目可以利用艺术表现形式，如桥头艺术家的表演，或者通过运用当地传统文化，如诗歌、舞蹈、音乐、游戏等来体现城市记忆。

二　桥旅空间叙事

桥梁也有着象征的能量，桥梁作为一种空间所带来的伦理叙事或许和建筑有着十分密切的关系。桥旅艺术和其他艺术形式一样，都是人类一种符号化的表现形式。桥梁往往作为一种标志性建筑在城市中彰显自己的独特品格，而桥旅就可以作为动态的行为完成对桥梁以及关联"城市艺术品"的观赏和精神品鉴，其整个过程构成了完整的"艺术"。并且桥作为一种带有设计性、故事性、概念性的作品，以象征性模式为特征的时候，就会使得桥旅这个行为中必定包含了桥与城市财产、思想情感或意识共鸣等联系。

城市桥梁作为一种特殊的空间，在一个城市中最难跨越的地方出现，仿佛是生活的"救世主"，让交通出现了联结，让经济实现了互通，然而这个"救世主"是人类自己创造的，是人类齐心协力利用智慧创造的伟大工程。这种气势磅礴的景象，必然引发某种载道言志的叙事。通过空间元素、象征意蕴、文学语境、美学氛围、艺术手法等方法，把桥梁作为媒介，使得桥旅艺术作为一种此刻的集体景象或者未来的集体记忆而存在，那么我们就可以把这里的桥旅艺术看作一种叙事策略。对于伦理意蕴叙事策略的具体表现，还可以借鉴建筑伦理学中对于建筑如何把地域特质、文化符号、精神共识等要素一一展示在观者面前，使得桥梁成为表达某种主题、意义或者传达价值的载体。这是桥旅艺术的伦理功能中对于城市记忆最重要的构成部分，没有这种象征意味的表达，城市记忆的基础和集体共识就无法构建。

图 8-1　重庆白帝城景区古香古色的风雨廊桥（作者自摄）

这里的"叙事"为何物？人们把客观世界纳入一套言说系统中来加以认识解释和把握，叙事的典型形式就是讲述故事或者事件。通常人们会认为叙事只在文学中发生，因为文学是叙事的正统载体。① 但实际上，在艺术、设计甚至是科学领域，早已广泛展开了叙事学的研究和讨论，如今叙事已经是一种跨学科的、交叉语义的概念。建筑是通过叙事承载物，比如材料、造型、表皮、色彩、肌理、虚实、路径、边界、空间组织与活动，去象征、隐喻与建构社会文化意义，其意义的表达与构建犹如讲故事一般。而要给桥旅讲一个故事，这个故事就应该是具有集体意识和象征意向的。换句话说，这个故事应该从桥旅本身来，又带回到桥旅本身的精彩中，成为一种精神共识，指引着参与桥旅艺术的受众产生地域文化的认同与共享。

叙事如果可以传递某种意义，那么叙事也可以为象征意向提供方法，因为象征包含了意义与意义的传递两个要素。"象征型艺术作为一个基本的艺术类型，所担负的任务就是把单纯的客观事物或自然环境提升到成为精神的一种美的艺术外壳，用这种外在事物去暗示精神的内在意义。"②

桥梁体验旅游的空间美学是指通过桥梁的视野和环境来带给游客视觉、听觉、触觉等多种感官体验。它从宏观到微观、从固有空间到衍生空间、从室内空间到室外空间，融入了材料、形式、结构等设计要素，并将桥梁建造的技术原理与空间美学结合起来，形成一个独特的艺术空间。

---

① 秦红岭：《建筑伦理学》，中国建筑工业出版社，2018，第284页。
② 〔德〕黑格尔：《美学》（第二卷），朱光潜译，商务印书馆，1996，第10页。

图 8-2　重庆山城步道桥梁景现出现前的墙绘（作者自摄）

（一）材料

材料的选择应该基于可行性、经济性、环保性和安全性以及耐用性和质量方面的考虑，这是因为在最终产品中，材料对产品的性能，如可靠性、耐用性、安全性以及可行性和经济性都有重大影响。

（二）形式

形式设计应该基于功能性、美观性、可操作性和可重复性等因素。形式设计应该考虑产品的实际使用场景，以满足使用者的需求和要求，同时还应考虑到制造的可行性和成本等因素，以达到最优的设计效果。

图 8-3　都江堰景区的安澜桥（作者自摄）

（三）结构

结构设计应该基于安全性、稳定性、可靠性、经济性、可操作性等因素，以及可行性和制造成本。结构设计也应该考虑产品的实际使用场景，以满足使用者的需求和要求，同时还应考虑到可行性和成本等因素，以达到最优的设计效果。

对于桥旅来说，不仅包含桥的象征意义和本体意义，还包含了旅行这个具体行为的意义与意义的传递形式。由此可以明确的是，桥旅艺术的伦理叙事主题和策略的准确选用可以更好地传递意义、价值，更好地塑造城市记忆。

三　桥梁旅游的场景设计原则

桥梁旅游逐渐成为一种流行的旅游活动，其场景搭建也越来

图 8-4　福建福州旗山湖公园视角下的桥旅艺术景观（摄影：庄耘）

越受到重视。桥梁旅游的场景搭建既可以满足游客的视觉需求，又能提高游客的安全感，从而提升游客的体验。为了让桥梁旅游的场景搭建更加完善，桥梁旅游的场景搭建应该遵循一定的设计原则，以满足游客的需求。

（一）安全性

场景搭建中的每一个环节都应该加以严格控制，以确保游客的安全。桥梁旅游的场景搭建安全性具体包含哪些设施和空间，是一个非常重要的问题。在桥梁旅游中，安全是相当重要的，因此，对于任何一个桥梁旅游场景来说，搭建安全性所包含的设施和空间都是非常重要的。

首先，必须确保桥梁旅游场景的安全设施和空间能够充分保护游客的人身安全。这就要求在桥梁旅游场景搭建过程中，桥梁

图 8-5　福建福州三县洲大桥桥旅夜景搭建（摄影：庄耘）

旅游场景的设施和空间必须具备一定的安全设施，包括：①安全网，为了防止游客掉落，可在桥梁旅游场景的桥梁上设置安全网，以保护游客的人身安全；②安全栏杆，可在桥梁旅游场景的桥梁上设置安全栏杆、安全防护等安全设施，以确保游客的安全；③安全标志，可在桥梁旅游场景的桥梁上设置安全标志，提醒游客注意安全；④安全措施，为了提高桥梁旅游场景的安全性，可以采取一定的安全措施，如建立安全检查站、安装监控系统等。

其次，必须确保桥梁旅游场景的设施和空间能够充分增强游客的游览体验。这就要求在桥梁旅游场景搭建过程中，桥梁旅游场景的设施和空间必须具备一定的可游览性，包括：①通路，在桥梁旅游场景的桥梁上设置通路，方便游客游览；②停留点，在桥梁旅游场景的桥梁上设置停留点，便于游客停留观赏；③观景台，在桥梁旅游场景的桥梁上设置观景台，使游客能够远眺；

④景观照明，在桥梁旅游场景的桥梁上设置景观照明，使游客能够观赏桥梁旅游景观。

图 8-6　广西柳州文惠桥与城市滨水边界形成的线状关系
（摄影：何俊涛）

在桥梁旅游场景搭建中，还可以利用智能安全技术，以保证游客的安全。桥梁旅游的安全性问题包括桥梁的结构安全、桥梁的维护和检查、桥梁的容量、桥梁行走者的安全、桥梁下航行者的安全、处于桥梁上行走者的安全、桥梁周围的安全环境、桥梁旅游业务的管理安全。智能安全技术可以提供安全监控，实时监督桥梁状况、发送警报，以防止可能发生的安全事故。另外，实施定期检查和维护，以确保桥梁的安全性；安装安全栏杆，以防止游客意外掉落；严格禁止游客进入桥梁的危险区域；加强游客的安全培训，以提高其安全意识；设置安全设施，以应对突发事件。

以上桥梁旅游场景搭建安全性所包含的设施和空间是一个重要

的课题，本书从桥梁旅游场景搭建安全性的角度出发，介绍了桥梁旅游场景搭建安全性所包含的设施和空间。首先，要确保桥梁旅游场景的安全设施和空间能够充分保护游客的人身安全。其次，要确保桥梁旅游场景的设施和空间能够充分增强游客的游览体验。

因此，为了确保桥梁旅游场景的安全性，应当在桥梁旅游场景搭建过程中，充分考虑桥梁旅游场景搭建安全性所包含的设施和空间，使桥梁旅游场景能够实现安全、舒适，达到观赏性的极致体验。

（二）可行性

场景搭建还应该具备良好的视觉感受，以满足游客的视觉需求。在确保桥梁旅游场景搭建可行性方面，应采取一系列措施来确保桥梁旅游安全。比如，制定完善的桥梁旅游管理规定、严格控制旅游者的人数、检查桥梁的状况、定期对桥梁进行维护和修补、加强安全检查，以防止旅游者出现意外。同时，应采取措施来改善桥梁旅游的环境。比如，搭建遮阳棚、改善桥梁边的景观、建立停车位等，以便游客能够轻松地参观桥梁，并可以享受到安全、舒适、优美的旅游环境。

（三）方便性

桥梁旅游的受众群体主要有桥梁迷、旅游爱好者、建筑爱好者和摄影爱好者等。桥梁迷喜欢探索世界上的桥梁，乐此不疲地把桥梁的历史、文化和艺术进行深入挖掘。旅游爱好者喜欢探索世界上各种文化，以及游览各种风景名胜。建筑爱好者喜欢欣赏不同地区的建筑风格，对结构和建筑设计有浓厚的兴趣。摄影爱好者喜欢用镜头记录下他们游览的景点，把不同的风景留在镜头中，以便与家人和朋友分享。一方面，桥梁旅游可以提供给游客一个安全、舒适、优美的旅游环境；另一方面，桥梁旅游的有趣性也得到很好的体现，比如可以在桥梁上观赏美丽的风景，有机会可以欣赏到桥梁上的美丽的曲线，也可以观看桥梁上的历史建筑，拥抱大自然的美丽。

图 8-7　鸟瞰广西柳州凤凰岭大桥（摄影：何俊涛）

（四）准确性

在桥旅中体验者可以通过桥梁旅游来观察不同地区的地形变化、不同地区的气候特征、不同地区的人文景观，以及桥梁所联结的地区之间的关系等，通过这样的旅游可以更好地了解不同地区的文化、社会、经济和政治等发展情况。桥梁旅游的特色景观丰富，可以满足游客不同的偏好，并且能够深入了解当地文化。

另外，桥梁旅游所提供的活动也丰富多彩，可以满足不同类型游客的需求，为游客提供安全、舒适的旅游体验。桥梁旅游的可行性及方便性和准确性是受到广泛认可的，可以通过完善的桥

图 8-8　桥旅艺术视角下的广西柳州凤凰岭大桥（摄影：何俊涛）

图 8-9　重庆千厮门大桥旁的洪崖洞景区人文景观（作者自摄）

梁旅游管理规定、环境改善措施以及准确的观察资料来确保桥梁旅游的可行性，从而使游客可以更好地欣赏美丽的景色，享受美妙的旅游体验。

（五）创新性

桥梁旅游场景搭建的创新性是非常重要的，它可以使游客体验到不一样的建筑风格，同时也可以让游客更深入地了解桥梁的历史及其重要性。因此，确保桥梁旅游场景搭建的创新性对桥旅艺术设计来说非常重要。

首先，在桥梁旅游场景搭建之前，可以利用计算机辅助设计（CAD）和三维建模技术，对桥梁进行相关的调研和分析。这些技术可以模拟出完整的桥梁场景，从而更好地满足游客的多样化需求。

其次，可以把这些新的技术和材料运用到桥梁旅游搭建中，以增加新的元素，如虚拟现实（VR）、机器人技术、智能化照明等，以便让游客更好地了解桥梁的历史和文化内涵。桥梁艺术可以与虚拟现实技术结合，以提高其可视性、可交互性和可访问性。例如，一个虚拟现实应用可以让用户在一座桥上漫步，而不必实际离开电脑。在桥的每一端，用户可以查看细节，如建筑材料、设计和结构，以及它们如何影响当地的社会环境。除此之外，用户还可以获得有关这座桥的历史信息，从而更深入地了解桥梁艺术。

此外，在桥梁旅游场景搭建中，也可以利用智能家居技术，将现实世界中的桥梁场景和网络世界连接起来，形成一个完整的桥梁旅游体验。例如，可以将桥梁场景和 VR 技术相结合，让游客在实景中体验桥梁历史，并且可以通过智能设备实时监测桥梁的健康状况，以便更好地管理和保护桥梁。桥梁艺术可以与加强现实技术相结合，以创造具有独特视觉效果的视觉体验，使人们更加深入地观察桥梁的结构特征和重要元素，这样既可以增强桥梁的审美效果，也可以提供更加准确的桥梁结构信息。例如，使用加强现实技术可以提供可视化的桥梁结构说明，以便让人们更加清楚地了解桥梁的特点。此外，加强现实技术还可以帮助桥梁艺术家创作出更加精美的桥梁装饰，以增强桥梁的美学效果。

总之，要满足游客的多样化需求，使其能够更好地了解桥梁的历史和文化。通过有效地使桥梁旅游场景搭建更具创新性，从而让游客体验到更多的乐趣和满足感。为了更好地实施桥梁旅游的场景搭建，应该制定严格的安全措施，并加强对游客的服务，以提供更好的体验。

我国桥梁艺术设计相比其他国家仍有改进提升的空间，设计理念结合视觉设计冲击力，呼应当代社会的发展需求，并且结合我国本土文化特色，让桥梁体验成为一种独特的艺术体验，概括总结有以下几条。

首先，可以通过设计独特的桥梁形状来体现艺术，如拱形桥、环形桥、多形桥等。

其次，可以在桥梁上展示各种艺术作品，如雕塑、壁画、彩绘等。在桥梁上雕刻雕塑可以增加桥梁的艺术美感，也可以增加桥梁的历史感；同时，雕塑也可以作为一种文化活动，给桥梁带来更多的活力和视觉效果。此外，可以在桥梁上设置灯光装置，利用不同的灯光颜色来营造出不同的艺术氛围。比较基本的方法是先根据桥梁的类型和结构，选择路灯的类型，如 LED 路灯、节能灯等。然后，根据实际情况，设计照明的灯光效果，如可以采用多种颜色的灯光，利用色彩照明来提升桥梁的美感。再根据桥梁的特点，选择灯光的安装位置以及安装的高度，以保证灯光的覆盖范围，使灯光更加均匀。此外，可以在桥梁上放置音乐装置，让游客可以欣赏到来自不同文化的音乐。但设置音乐播放装置的前提是要确保它不会影响桥梁的功能和结构安全性，并且不会给行人和车辆造成噪声污染；还可以在桥梁上放置水景装置，让游客可以欣赏到美丽的水景。

最后，增加桥梁旅游的线上交互性，可以建立桥梁旅游的官方网站，在网站上提供游客可以交互的信息，如旅游报道、桥梁简介、桥梁历史等，让游客可以更加了解桥梁旅游的相关内容；建立桥梁旅游的社交媒体账号，定期发布有关桥梁旅游的信息，并回应游客的疑问，提供及时的客服服务，提升游客体验；利用视频平台，拍摄桥梁旅游景点的精彩瞬间，提高游客的兴趣；建立桥梁旅游的 App，提供游客可以进行订票、支付等交互操作的服务。

图 8-10　重庆桥旅夜景的亮化设计（作者自摄）

第九章　桥旅艺术的隐喻式象征叙事

用隐喻的手法去象征桥旅艺术可以分为数和几何象征、色彩和装饰的象征、外观象征。数和几何的象征主要是基于我国语言文化基础，对于不同数字的象征意义有其对应的寓意、风水、民俗等解读，因此桥梁构件和其上附属建筑的几何数量通常也会讲究其搭配和耦合，以达到与文化共生的目的。色彩和装饰的象征比较好理解的地方在于，色彩本身就能够引起心理和生理的各种刺激反应，所产生的反应联结一般会和受众的生活文化、个人经验、集体意识都有关系。[①] 桥梁的涂装色彩有时候是基于视觉的需要，有时候是基于文化的表象。外观象征一定程度上基于艺术设计中的仿生或者相似形体描摹等手法，这类象征在传递意义层面比较直接，视觉一旦形成，受众自主就能产生丰富的联想与心理体验。

但是需要注意的是，这类手法在叙事的时候容易形成视觉荼毒，往往由于过于具象，反而会斩断受众本来可以自由发挥的联想心理机制，从而降低意义传递的"留白"质感，让本能自主产生美好体验感受的心理空间充满过度填充的视觉垃圾。对于这种

---

① 任丽莎：《艺术视野中的人行桥》，中国建筑工业出版社，2015。

问题，比较好的方法是，在设计之初就为叙事铺陈开放式解读，让隐喻式的象征具有更多维度、更多层次的铺陈。

图 9-1　傍晚时分的广西柳州官塘大桥（摄影：何俊涛）

图 9-2　晴空万里下广西柳州官塘大桥的质感色彩（摄影：何俊涛）

一 桥旅艺术作为集体意识的抽象意向

抽象本来可以概括为一种笼统的、不具体的感受,但是哲学给了它一个名分,与具象和直观相对应,经常用来描述无法用具体事物相对应但可以在思想上将客观事物看成相对独立的属性与关系。艺术领域经常将抽象看作一种创作手法。艺术抽象离不开具体的形式,无论是再现性抽象还是表现性抽象,都有其具体形式作为载体。桥旅艺术的再现性抽象强调在物理空间的展开,所形成的集体意识侧重于同一空间中的五感体验,而表现性抽象强调在时间轴中的移动,所形成的集体意识侧重于个体的心理意识流是否共频。

所谓桥旅艺术通过再现表达的抽象意向,可以理解为叙事文本已经非常完整,而受众在桥梁空间或其周围相关空间进行旅游

图 9-3 重庆红岩公园景观中的桥旅艺术(作者自摄)

活动时，只需要把与周围环境伦理最相适应的方案展现出来，就可以形成完整的叙事；而通过表现性形成的抽象意向，则需要通过营造各种符合"真"与"美"的美学氛围，从而使得受众产生对应的刺激联结。虽然这两种叙事手法是不同质感的象征，但叙事对象都是相同的，可以产生共同的精神伦理，城市记忆描述下的桥梁艺术有着独特的伦理叙事。

二 桥旅艺术空间叙事的起承转合

对于建筑而言，所有的空间都会按照空间秩序依次展开，呈现一种空间叙事手法。对于桥梁建筑，更加突出的就是线性的空间秩序。线性的空间秩序就像文学的叙事讲究起承转合一样，桥旅艺术也存在起承转合的叙事过程。桥旅的开始并不是从"上桥"开始的，可能在进入桥的城市就开始了。"起"指的是文学叙事中开始的章节，对基本信息的描述与带入，对应桥旅的位置可以是引桥部分，也可以是桥下、桥周看桥的位置，从环境营造层面讲，可以是视觉系统先导、环境标识的设计、风景氛围的带入等。"承"指的是文学作品中对后续高潮的铺垫，是承上启下的部分。对应桥旅的空间就是桥头的位置，这个空间既能看到两岸风景，又能对桥上有一个视觉概览，成为桥旅承上启下的最佳时空。"转"指的是文学艺术中的高潮，叙事的重要抒情达意的部分，在桥旅中是桥上最佳观景位，能够概览江景和两岸城市风光。针对不同桥型，"转"的空间铺陈可能不同，所形成的桥旅艺术风格也会不同。"合"则在文学中意味着叙事的收尾，每一个被好好设定结尾的叙事都能引发悠长的回味，或者说引发联想机制的启动，生发出无数种"后味"。在桥旅即将结束时，收尾的形式感就显得尤其关键，对应桥旅时空中出桥部分的引梯或者步道，也可以是远山高处可以眺望大桥的观景点,还可以是能够欣赏大桥夜景的一间餐厅。所有的起承转合结合在一起就完成了桥旅艺术的叙事结构。

三 桥旅艺术伦理叙事的空间正义

在中国古代多孔桥梁有的按照比例由中孔向外逐孔缩小。比如,清代官式石拱桥所定的标准就是根据拱脚相齐的原则,拱跨按桥面坡度下降而收分,循 13∶15∶17∶19 的等差级数变化。[①] 这其实和中国古代建筑中无论是内城外郭的城墙高度、斗拱的制式或建筑装饰的复杂程度都是按照一定的数理和比例计算有关,这种由单纯物理数级引发的空间伦理在古代要表达的伦理叙事比较倾向于凸显尊卑有别的政治秩序。与现代城市空间的伦理叙事法则不同,中国古代的空间正义大多数是靠数理法则比例的伦理叙事。

桥旅艺术的伦理叙事主要是为了传达一种基于集体共识的空间正义,桥梁建造技术与空间视觉表达背后所代表的城市经济与地域文化集中体现了城市空间中最大化公共利益的伦理叙事。很多大型桥梁一开始建造是为了通车、通轻轨,其实设计出来之后,对于自行车和步行者上桥的感受并不十分友好,一来与车行道距离太近,会相对缺少安全感;二来人行与自行车的行进空间较小,上桥看风景以及与汽车或轨道共享城市桥梁空间就变成一种奢求。

---

① 唐寰澄:《桥之魅:如何欣赏一座桥》,北京出版社,2021,第138页;曹淑上、张明强、张永水:《重庆桥梁艺术魅力》,《重庆建筑》2006年第2期。

因此，重庆市每逢大型节假日都会开启力宠游客模式，比如千厮门嘉陵江大桥禁止车辆通行，以保障游客安全地赏景拍照。

图 9-4　重庆北滨路看洪崖洞的景观（作者自摄）

—— 第四部分 ——
桥旅艺术构建路径

第四部分主要从物理环境和社会环境两个层面展开关于桥旅艺术融入城市文化旅游的路径问题。首先是从物理环境层面，探寻桥旅艺术介入重庆城市公共环境景观设计的路径；其次是从社会环境层面，通过引入多机构融合的综合性文化场馆，整合桥旅可以综合利用的文化资源，打造立体多维度的复合型桥旅艺术产业。通过物理环境和社会环境的整合，结合都市再生与文化再生，再利用重庆本身的城市环境特点助力"桥都"名片的打造。

第十章 桥旅艺术的空间叙事美学建构研究

交通强国是以习近平同志为核心的党中央立足国情、着眼全局、面向未来作出的重大决策。现代城市桥梁在交通强国建设大潮之下，呈现出建设速度快、艺术要求高、旅游融合发展的特点，桥旅艺术也必将成为交通强国工程品质提升的重要组成部分。桥梁建设经历了从关注形式功能到关注文化内涵的转变，在促进社会经济发展的同时进一步满足人们构建高度文明的精神世界的需求。桥旅艺术是基于桥梁美学发展的延续，也可以构成一种特殊的空间叙事，有必要明晰桥旅艺术的美学语言、美学内涵与特征，从而构建桥旅艺术的空间叙事美学。桥旅艺术研究也是对交旅融合理论的回应与深化，为城市空间美学进行理论深化。

一 作为艺术哲学的美学

18世纪30年代，德国哲学家鲍姆加登在《哲学的沉思》中首先使用Aesthetics一词。随后在50年代，鲍姆加登出版了《美学》（Aesthetics）一书，于是美学作为学科名称诞生。后来，康德在《纯粹理性批判》中，对当时通行的Aesthetik这一名词的内涵重新加以解释和界定，不同于英国经验主义和德国理性主义，他认为美和愉快、完善等概念并不完全等同，从而形成了调和经验主义和理性主义观念的合目的性、先验感性论观念。18 世纪的欧洲，迈耶尔的《一切美德科学基础》、黑格尔的《美学》、谢林的《艺术哲学》使得美学也可以叫作"美的科学"和"艺术哲学"。黑格尔的后继者、19 世纪德国著名美学家费舍尔德 6 卷巨著就叫《美的科学》（Aesthetik）。

二 借鉴建筑美学发展的桥梁美学

20 世纪 30 年代，德国卡尔·舍希特勒（Karl Schacchterle）和弗里茨·莱昂哈特（Fritz Leonhardt）出版了《桥梁造型》一书。莱昂哈特常以新颖的桥梁造型构思与建筑师合作完成数百座桥梁的设计。20 世纪 80 年代，莱昂哈特出版了《桥梁：美学与设计》（Bridge: Aesthetics and Design），书中讨论了桥梁建筑艺术在美学上的优秀设计经验。莱昂哈特开启了桥梁美学的先河。而此时国内的唐寰澄先生在《桥梁美德哲学》一书中，运用中国哲学作为桥梁美学思想的指引，提出了桥梁美学中的普遍法则包括多样与统一、协调与和谐、比例、对称、韵律等。

进入 21 世纪后，国内学术界主要从桥梁工程视域探讨桥梁艺术和桥梁美学的发展。学者曹淑上等人认为重庆桥梁艺术的魅力不能仅在于重庆桥梁数量多、跨径大、桥型全，也应该在于桥梁能带来更多功能和审美层面的愉悦体验，不仅可以在重庆众多的桥中看到浓缩的"桥都"历史，还可以成为一种精神升华陶冶人们的生活。[1] 桥梁极大地提高了生活效率和生产效率，著名的桥梁

---

[1] 曹淑上、张明强、张永水：《重庆桥梁艺术魅力》，《重庆建筑》2006 年第 2 期。

建筑工程师、中国工程院外籍院士邓文中从工程与艺术的比较中论证桥梁的设计和建造与艺术创作的关系。他认为造桥应当包含"能、会、美、雅"四个层次，他从造桥的工程秩序去谈论造桥的艺术，为造桥工程提供了一种美学视角，为桥梁艺术提出了一种工程视野，本质上描述的是建造主体给桥梁客体赋予的多层次美学享受。① 任丽莎则从艺术的视野论述了人行桥视觉语言与视觉设计原则，并且从个体体验的范式将人行桥的体验方式与建筑进行对比，认为人行桥是一种参与式的特殊体验场景。② 比较有意义的是，人行桥与城市其他公共空间环境一样也可以作为一种集体意识的承载。学者朱蓉等人以无锡当地的古桥梁为例，从建筑艺术的角度展开研究，认为古桥梁的结构造型、装饰手法和无锡古桥梁的楹联碑记、诗文题刻更能展现古桥艺术特色。③ 余莉也从圆明园管理处对改建圆明园过程中所涉及的古桥艺术展开了讨论，认为中国传统的桥梁艺术主要包含建筑、雕刻、造景这三个部分。④

三 桥旅艺术作为城市公共艺术而存在

前文已述，欧美国家在20世纪80年代末展开了公共艺术的论战。现有研究主要着重在两个层面：一是作为艺术哲学的美学，要强调美的经验和美的科学；二是桥梁美学不同于纯粹的美学，

---

① 邓文中：《能、会、美、雅——造桥艺术的境界》，《重庆交通大学学报》（自然科学版）2011年第2期。
② 任丽莎：《艺术视野中的人行桥》，中国建筑工业出版社，2015。
③ 朱蓉、查娜、李镇国：《无锡古桥梁建筑艺术特色研究》，《创意与设计》2013年第5期。
④ 余莉：《圆明园的桥梁艺术》，《北京园林》2018年第2期。

还与工程的技术发展密切相关。与桥梁相关的美学更多地集中在造桥的审美建构层面，对交通经济影响下的桥旅并未过多涉及，相对缺乏桥旅艺术的美学研究。由于城市交通环境和社会环境的改变，桥旅融合成为更多的交通新需求，而空间叙事为这一美学视角提供了建构路径，它既是一种营造法则，又是一种审美经验。

现有的研究都是分别沿着美学的发展、桥梁建造的发展探讨城市桥梁的审美标准问题。桥旅艺术也是基于工程与建筑学的发展基础，从而上升到艺术哲学的层面。桥旅艺术也是现代桥梁发展所带来的附加效益，它与城市的环境品质提升密切相关。但对桥旅相关的经济、文化、政治等综合因素的整合分析，尤其是桥旅艺术的综合描述分析与情景分析展开的研究仍相对缺乏。

桥旅的艺术具有双重的存在形式：都市空间内的实体存在与推动个人或群体的讨论和参与。桥旅的空间是集合的空间，尤其是一个可以让人相遇、相互聆听的空间，一个含有视觉与听觉的空间。由此，可从公共艺术的视角出发，将桥旅艺术融入城市记忆与空间叙事中。桥梁艺术是以桥梁为主体的艺术创作，它可以各种形式表达出桥梁的美丽和景色，而桥梁旅游空间艺术则着眼于桥梁结构本身，以构建一种旅游空间，为游客提供舒适和安全的环境。

桥梁艺术和桥梁旅游空间艺术在概念上有着本质的差异。桥梁艺术是一种视觉艺术，主要是通过创作来表达艺术家的情感和思想。一般情况下，桥梁艺术的创作只需要桥梁本身，它可以是一个艺术作品，也可以是一种装置，甚至可以是一种理念，只要能够表达它的独特性和美感。桥梁旅游空间艺术是一种空间策划，它将桥梁艺术和景观融合在一起，以提供一种独特的旅游体验。

它不仅能够表达桥梁艺术的美感，而且还可以吸引游客，让他们感受到景观的独特性。桥梁旅游空间艺术不仅关注桥梁的装饰，还要考虑周边环境的安全性、实用性和兼容性等因素，以便为游客提供最佳的旅游体验。

图 10-1　重庆江北机场出口高架下特有的城市特质景观（作者自摄）

综上所述，桥梁艺术和桥梁旅游体验空间艺术在概念上存在本质的差异，桥梁艺术的创作只需要桥梁本身，而桥梁旅游空间艺术则是将桥梁艺术和景观融合在一起，从实用性、安全性和兼容性等方面为游客提供最佳的旅游体验。因此，桥梁艺术主要是表达艺术家的情感和思想，而桥梁旅游空间艺术则是一种空间策划，它将桥梁艺术和景观融合在一起，以提供最佳的旅游体验。

之所以说桥旅艺术的空间叙事美学建构研究具有必要性，是因为其研究的重要意义有三个。一是具体化了空间叙事学的应用场景。空间叙事研究一般是针对文学或者电影中对于空间表达，本课题试图建构空间叙事系统，并将其运用在桥旅艺术场景中，从文学与电影空间中脱离出来，建立新的叙事视角。二是推动了桥梁美学与空间叙事学进行融合研究。将空间叙事学与美学交叉融合，把桥旅艺术在空间中产生的城市记忆从时间维度带到空间维度，本质上是为了将空间叙事的美学逻辑在桥旅艺术中进行实践。三是建构了新时代桥旅艺术的美学逻辑。在学理上，探讨新时代在"交通+艺术"交叉学科前沿上的美学立场，以城市记忆为背景的桥旅艺术作为一种空间介质，在美学上更应当充分体现新时代的交通强国风貌。

图 10-2　福建福州解放大桥不同视角下的风貌（摄影：庄耘）

除此之外，桥旅艺术的空间叙事美学为后续的桥旅融合、桥旅艺术介入城市空间的营造实践奠定了学理基础。国内桥梁学者无论是以大型桥梁、人行桥还是古桥为研究对象，都意图通过桥梁的物理显征构建桥梁与艺术的联结。本课题最重要的应用价值在于为桥旅融合实践提供美学理论的支撑。其次，为中国现代化桥梁提供具有美学价值和文化内涵的建设路径。以山地为主要地形的贵州的天空之桥观光服务区"桥旅融合"示范项目展示了桥旅艺术营建的更多可能性。中国有着众多依江河而建的城市，其城市公共环境呈现独特的美学气质，桥旅应该作为一种新型公共艺术介入城市公共环境景观设计中。

桥旅艺术的空间叙事美学建构的切入视角是将空间叙事作为美学建构的一种路径，在理论深度上具有更进一步的意义。而本课题的新进展在于，将桥旅艺术的理论构建放入当下的新时代背景，尝试突破从城市记忆与空间叙事的视角去研究桥旅融合，从而形成完整的"交通+艺术"融合的美学建构。从哲学的角度切入桥旅艺术，相对于早期研究，空间叙事在本课题中表现为一种呈现方式。研究的对象比以往更精确，研究的范畴更为精准和前沿。本课题将着重研究桥旅艺术呈现与空间叙事的内在美学逻辑。

（一）桥周环境视听

可以从物理环境层面将桥旅艺术分为四个板块。前面说到桥旅艺术的具体内容包括桥周环境视听、环桥慢行网络、桥上场景交互、桥下文化共创。这四部分主要是按照旅者跟桥梁的位置关系视角去讨论。桥周视听环境包含视觉环境和听觉环境两个方面，视觉环境主要围绕桥梁周围的城市环境的文化性、自然环境的景观性、桥梁造型的地标性、桥梁夜景的艺术性四个方面，听觉环境主要围绕愉悦的环境音和不悦的噪声展开评析与讨论。

图 10-3　重庆两江四岸桥旅艺术的视听环境包括建筑景观、交通噪声等（作者自摄）

（二）桥周音场对抗与协调

城市中桥旅艺术本身就包含了听觉的感受与体验，这也是桥旅中必须考虑的因素。大型桥梁因为有通车的需求，经常会产生桥周的噪声。这种声音虽然是不愉快的、嘈杂的，但也是桥旅城市属性的体现。作为一种桥旅融合的艺术，应该通过声场协调，使得不悦耳的噪声变成一种能够回归本质的声场。就像城市更新时代到来之前，在大众审美中，只有簇新的是被大家接受的。随着国外的都市再生（Urban Regeneration）中工业遗产被大众接受，工业遗产的废墟之美也成为一种被大众欣然接受的主流。[1] 如果可以借由桥旅艺术使得大众接受桥周音场的本质状态，那么就可以

---

[1] 吴骞、韩禹锋：《工业遗产景观二元向度的弹性再生研究》，《工业建筑》2021 年第 3 期。

使这种负面的声场变为一种正向的听觉刺激。换句话说，与千方百计地消除桥周的交通噪声相比，运用艺术自觉的方法，可以寻找一种声场去对抗噪声。比如，在城市公园中，经常会在景观设计中加入公共音响，通过添加优美的音乐，使人们得到悦耳舒心的音场。但是这对环境音要求比较高，只有在静谧的城市或者郊区公园可以实现，一旦场景转换到交通场景里——地铁、大桥、公路，都难以实现。因此，在桥周的行人通道设置音响等方法显然不够明智。桥旅艺术的营造并非一味地做加法，如果可以实现音场对抗，其实就是在用减法的思维。试想，在桥周出现什么样的音场更加和谐，能够对抗那种嘈杂的环境？重庆南岸区四公里地铁站高架下的一幕给出了一种可行的答案。也许是大众生活中最日常的一幕，一群附近居住的老年人聚集在这里，播放着属于他们那个年代的舞曲，高架之上的交通噪声与他们愉悦的歌舞之音并不冲突，甚至在重庆这样的城市背景中形成一种和谐。大众日常生活对于桥下灰色空间的利用，以及在社区里被称为吵闹的老年群体似乎找到了合适的场景安放自己的生活休闲。有时候这类活动并非一开始就出现在规划图纸上的，然而正是这种自发的、自觉的生活场景中释放的声音，反而对冲了不悦的城市噪声带来的负向情绪。

　　说回艺术的视野，正是由于特定的空间有特定的声音属性，桥周音场不应该一味做简单的加法或者简单的减法。艺术本就是一种复杂运算，只有加减乘除的综合运算才能得到最优答案。大众生活应该被看到、应该被放大。或者说，这也是一种艺术介入日常生活的方式，一种桥旅之中展现本地生活风貌的最好舞台。不但将生活日常展现在桥旅中，更把生活本来的听觉感受还原给受众，这需要正确的声音对抗和协调。由此，可以根据艺术展现

图 10-4　河南南阳桥墩下的大众日常（作者自摄）

手法中的几种形式，采用更加丰富多样的听觉营造，为桥旅艺术增添和谐的音色。

（三）桥梁视觉加强与隐藏

桥梁的整体视觉最重要的是桥梁的美学呈现，这里关系的部分主要是桥梁结构所呈现出来的美学效果。关于如何呈现桥梁的结构之美，同济大学桥梁设计院徐利平总工程师则认为需要将城市桥梁与艺术结合在一起看，美的桥梁结构主要体现在以下四个特性上。

一是结构的形象要具有鲜明性。明快的几何形态与受力原理的完美结合、技术与艺术的融合，使得桥梁的形象更加突出，桥旅的视觉感受得到加强。视觉形象的加强有助于塑造符号化的地域文化特色，鲜明的视觉形象比较容易在扁平化的视觉传达中突出地标性形象的特点，在城市的文化宣传和旅游业宣传中能够起到良好的差异化作用，再加上旅游业态正确的文化零售加强，就可以把鲜明的结构形象深深印刻在大众的普遍审美认知当中，从而成为一种新的代名词。

二是结构的语言要具有准确性。有时候桥梁的结构语言需要与周围物质环境的表现语言相协调和统一。换言之，即使是独立地看桥梁结构呈现了符合心理力学结构的审美特征，可能加入环境和行人的视角后又会变得十分怪异，脱离了图纸之后又会发现桥梁有了新的结构造型叠加混乱的问题。这需要把结构放在环境里反复审视、反复推演打磨成型，还应该加入当地人文和风俗的考量。

三是结构的手法要具有多样性，设计桥梁不仅应该展现造桥技术的高超，还应该展示桥梁美学视角的多样化。这就可以通过造桥的结构多样性表现出来。可以是材料的多样化、形态的多样化、设计建模方式的多样化，这些都能促使桥梁结构多样和丰富起来，从而呈现更多视觉差异，在桥旅中发挥美学作用。

四是结构的表现要具有独创性。独创性关系桥梁最终艺术形象的呈现问题，应该在设计桥梁时防止千篇一律、千城一面。尤其是像重庆这样建立在长江和嘉陵江之上的城市，有着大规模的桥梁群，如何从这些距离相近的众多桥梁中生发出独创性，对桥梁设计师来说是一种考验，对桥旅而言也是一种重要的体验需求。以上这些都是在加强桥旅艺术的视觉感受，希望达到一种强调和突出的效果，使得旅者心中能够留下强烈的印象。

其实，还有一种不常用但也是桥梁建设中十分有效的方法，就是隐藏桥梁。如果用舞台艺术去形容城市中的桥梁，那么有些桥梁可能是主角，有些桥梁可能是配角。试想，一台话剧如果人人都争抢成为主角，那么这台戏一定不好看，一定是吵闹且嘈杂

图 10-5　福建福州江心公园的桥旅艺术设计（摄影：庄耘）

的，因为没有人愿意牺牲自己露脸的机会。但是好看的戏剧艺术，一定是有需要被隐藏掉的部分，但这种隐藏其实是为凸显主角和要表达的情感，但是又必须有配角的在场。那么在桥旅中，什么又是配角呢？如果在桥下部分，可能需要隐藏的是过多杂乱的桥墩，尤其是高架桥下部的桥墩，多条线路之间的穿梭立交也会产生很多错综杂乱的桥墩；如果是在桥上空间中，也有可能要被隐藏的是太过突兀的桥塔部分，如果不远处还有另一座或者多座桥，则必须考虑远近几座桥之间的视觉关系，必要时就需要将其他桥梁降为配角，一些桥梁突出为主角。比如，当两座桥同时出现在视野中，到底应该突出哪座桥，这也是桥梁建造者需要考虑的问题，要保证每座桥的建设都不打扰其他近岸景观的营建，这是一个综合性的美学问题。

图 10-6　重庆奉节梅溪河双线特大桥（作者自摄）

（四）夜间整体亮化等视听艺术

王京红在《夜城市色彩：塑造一城双面》一书中讲到夜间城市的亮化色彩、构图与层次时，指出城市夜间照明色彩与白天最大的不同是"取舍"。这里的"取舍"其实指的是白天的太阳光是没有办法进行干预，无法人为地去直接干预太阳光的光度学、色度学和色调等数值，因为太阳是"无私"且"公平"地把光亮带给每个角落。但是夜间的环境色彩是可以进行人为设计与调节的，可以通过得当合理的设计，把需要凸显的空间加强，把不适宜代表城市特质的空间适当"舍弃"，在一定程度上削弱其在城市夜景中的亮化程度。还有一个比较重要的原因是，如今城市的夜景观其实也会考虑节能，尤其是在用电量比较大的季节，也会酌情减少装饰照明，只保留基本功能的照明空间与面积。因此，应当在满足基本的出行与安全需求之上考虑装饰性照明的整体层次、数量和布局显得尤为重要。为了表现出桥旅艺术的独特精神特质，有时需要在城市夜景规划中对城市色彩做出取舍，通过整体亮化表现出桥梁个性的一面，从而聚焦和围绕桥旅艺术这一主题展开空间叙事。

随着科技的发展、智能时代的到来、声光电技术的持续推动，桥旅夜景的视听艺术得到前所未有的展示。声和光可以被同时在一个界面中展示，从而形成独特的视觉艺术，在这种趣味性的声光艺术中，受众能够体会到具有独特魅力的桥旅风光。因此，应该将声音和视觉结合在一起去考虑，这样桥旅艺术的视听感受才能够更加立体、更加富有层次。合理的视听设计不但可以呈现出合理的冷暖对比，可以呈现出重点分明的明暗对比，也能调和出不同变化的灯光色调。用光笔画桥的方法能够正确处理桥梁与周围环境的关系，将光色、物色、人声、车声、环境声融于一体。

图 10-7 福建福州三县洲大桥桥旅艺术视角的整体亮化设计（摄影：庄耘）

四 环桥观光空间叙事美学构建

在文学的叙事表达中，段落与段落之间的衔接也是很重要的艺术部分，城市中的桥梁与公共空间的串联也应当整体考虑。那么，若干个场景之间，每个场景的内部空间彼此之间都应当用合适的手法串联起来，在空间中，我们也可以说是一种巧妙的空间叙事手法。桥梁经常在城市中营造一种空间序列的连续感，通过设置不同的空间序列顺序，改变空间体验的常态，让受众邂逅超乎预料的空间场景，在一幕一幕的空间场景中体会空间叙事的魅力。

作为城市公共空间的一部分，应当充分考量环桥观光设施的设计，且注意与周围环境的融合度与协调性。重庆渝中区的山城步道规划其实就在一定程度上充当了朝天门一带桥梁群的观光步道。其实山城是一个非常好的叙事场景空间，重庆这片土地滋养了丰厚的人文和历史，而这些地域文化的展示空间不应该仅仅只是博物馆、美术馆和文化馆，城市的公共空间环境也可以作为一种叙事场景来承载这种文化性。重庆的山城步道就是重庆风土人情叙事的极佳空间，沿着渝中区朝天门的桥旅空间叙事应当注意文本的空间性编排。城市景观空间对于城市记忆的刻画可以借用文学中常用的叙事手法展开。

"叙事"一词常被用于不同媒介，从而追求多元化的美学效果。其中空间作为一种三维属性的媒介，可以在设计创作活动中起到"跨媒介叙事"的效果。空间叙事本质上是一种跨媒介叙事。[1] 比如，在文学叙事创作中常用的"起承转合"，如若运用到空间之中，可以强调景物元素之间的逻辑关联，从而构建明确的场景感、场所感。这是承载记忆片段的空间，也是一种对我们的物质、精神、肉体乃至心理上产生影响的空间环境。因此，空间叙事也可以借用跨媒介叙事中的"出位之思"，即跨越或超出自身作

---

[1] 龙迪勇：《空间叙事本质上是一种跨媒介叙事》，《河北学刊》2016年第6期。

品及其构成媒介的本位,去创造出非文学领域的他种文艺作品特质的叙事形式。这奠定了空间叙事学本身带有跨界的属性,也就不可避免地从其他艺术形式中借鉴叙事形式。叙事对于文学的贡献是巨大的,借助叙事,可以形成一种独特质感的表达。任丽莎在其专著《艺术视野中的人行桥》一书中对空间的叙事手法做了阐述,认为与桥梁相关的空间叙事表达主要有空间并叙、空间倒叙、空间插叙、空间断叙,但笔者认为其都有一个共同的基础就是空间正叙。

(一) 空间正叙

正叙是文学叙事手法中常用的一种叙事手法,"起承转合"的叙事思维运用在空间中可以体现为入口的引入和导向感,对应文学叙事中的开始;进入室内和室外的过渡空间,对应文学叙事中承上启下的文段;整个景观的高潮部分的呈现对应文学叙事的转折;空间游览动线的收尾空间部分对应文学叙事中的故事收尾。

上海辰山植物园矿坑花园由清华大学教授朱育帆设计,清远德普浮桥有限公司建造。矿坑原址属百年人工采矿遗迹,作者根据矿坑围护避险、生态修复要求,结合中国古代"桃花源"隐逸思想,利用现有的山水条件,设计瀑布、天堑、栈道、水帘洞等与自然地形密切结合的内容,深化人对自然的体悟。利用现状山体的皴纹深度刻化,使其具有中国山水画的形态和意境。矿坑花园突出修复式花园主题,是国内首屈一指的园艺花园。①

---

① 《上海辰山植物园矿坑花园》,中国城市规划网,http://www.planning.org.cn/case/view_news?id=60。

之所以说这也是一个运用"起承转合"进行空间叙事的案例，是因为整个矿坑花园的空间设计和动线安排符合这样的一种叙事逻辑：入口处的幽闭通道其实是一种氛围的烘托，在"故事"的开始，越发扑朔迷离。然后穿过耐候钢四周封闭的通道，迎来长长一段步梯，一直延伸到接近湖面，再加上前半段由于崖壁的遮挡，看不到后面的景色，使得空间开始一点点引人入胜。直到走凿穿崖壁的"一线天"，空间开始出现"转折"，一穿出通道，大半个湖面景色尽收眼底，就像故事的转折，让空间体验达到了高潮。然后沿着一条长长的浮桥，边欣赏湖光景色边走，最后通向一个崖洞，到达出口。整个动线就像在跟随讲故事的线索，空间大开大合，犹如故事线索一样有了情绪起伏，所有的情绪都由空间中设置的各种要素支配和引领。笔者认为，在某种意义上好的空间都会形成这种空间叙事感，从而达到丰富的空间体验。

（二）空间倒叙

倒叙的手法经常被电影艺术拿来打乱时间顺序，从而产生丰富的时间体验，而空间的倒叙也可以产生相应的空间期待和体验惊喜，这在山城重庆可以说是一种司空见惯的空间叙事。比如，不经意间如果经过重庆魁星楼广场，本以为是平地，然而沿着一个悬在半空的斜拉桥进入另外一栋建筑的途中，方才发现下面是27层的建筑。结果开始往下走，进入下方另一个空间层次的世界。像这样本身受众对空间的体验期待是按照常规的从低楼层到高楼层，但是由于特殊的地形和环境条件限制，这样的空间顺序被倒置，所产生的空间体验超越了本身地的体验期待。

对于桥旅来说，空间倒叙更重要的美学意义在于不同空间之间形成的错位与变换总能带来惊喜的体验，让空间变得更加有跳跃性。不同场景之间可以形成交互和流动，甚至是可以首先看到"结局"，然后再慢慢开始空间的探寻。因此，经常也可以看到很多桥梁可以一开始就看到全貌，空间体验者以为一览无余，其实又暗藏乾坤。这也是空间倒叙的魅力所在，让受众在惊叹中流连忘返。

（三）空间断叙

把一个原本完整的实体空间刻意切断，从而产生两个空间，两个空间各自形成空间张力，或者在"断破"之处戛然而止，这种空间叙事手法就是空间断续。例如，比较明显的是从建筑中伸出的观景台，悬臂的景观桥在水面上停止延伸；桥梁空间在某个部分"破开"，桥梁内部空间序列出现了被"暂时打断"的情况；桥旅的线性观光步道，某些部分难免要和城市人行道重合，空间体验在山城步道与城市人行道之间切换。

空间断叙也可以出现在桥旅空间的多时空样态，比如在某些特定的时间，可以将空间进行功能变换，形成突然"打断"的时空感，然后在不需要时，再恢复到正常空间状态。这在有些以游人活动为主体的人行桥中比较常见，其中荷兰阿姆斯特丹的"郁金香"人行桥概念设计方案的展示中就运用到了这样的空间叙事手法。横亘于水面之上的"郁金香"桥梁建筑，在不同功能时空下则可以展现出不同的空间状态。

（四）空间并叙

如果将不同功能、不同朝向、不同材质甚至是不同尺度和不同风格的空间放在一起，在空间中同时展开，那么两种不同特质的空间就可以形成空间并叙。就像电影中的蒙太奇手法一样，可以将异质的元素进行有效整合，让不同质感的空间完成有效统一，既是一种同时叙述的空间故事线，又是一种同时展开的空间体验。就如法国巴黎的西蒙波娃人行步桥的上下层设置空间，其有序展开的空间体验和空间质感是不同的，但被巧妙地安排在同一个桥旅空间中。

（五）空间插叙

在城市中经常会出现非常多的天桥，很多天桥作为一种空中街道式的场景空间被架设于建筑物与建筑物之间，尤其对于城市中那些摩天大楼之间的连接性构筑物。萨夫迪建筑事务所（Safdie Architects）设计了重庆来福士广场的第一期项目"The Crystal"水晶空中走廊。来福士广场的设计者摩西·萨夫迪在将近60年的建筑师生涯中创作出了无数被建筑学界争相讨论的设计，其中最具代表性的建筑新加坡滨海湾金沙酒店，作为整个建筑的一种空间插叙，横亘在三幢建筑上空的空中花园像是天外飞船一般，让人惊喜意外。而重庆的来福士也是相似的空间插叙手法，整个水晶空中走廊可以俯瞰整个两江四岸的桥梁和江水。因此，从空间插叙的视角去审视城市中的很多空间，会形成不同层次的空间体验。

桥梁是交通景观的重要组成部分，它可以提升交通流量，促进旅游业发展，并提升城市的美观度。此外，桥梁还可以为城市提供一些有价值的公共设施，如休闲广场、观景点、商业街等，从而进一步提升城市景观的美观度。桥梁可以为城市提供多种实用的服务，其中包括连接城市不同地区的交通网络，改善市民的出行便利性；促进市民的社会交往，增进彼此之间的联系；建立城市文化景观，向市民展示城市的历史文化和现代文明；发挥抗震和防洪功能，保护城市的安全及生态环境；利用桥梁建设公共设施，为城市居民提供便利的社会服务。桥梁景观可以提供许多有价值的公共设施，从游客和当地居民改善生活质量的角度来看，包括但不限于提供公共休闲场所、游览桥梁景观的旅游服务、建设会议室和讲座厅、提供社区教育服务、建设健身设施和游乐设施等。

五　桥旅艺术在空间叙事中的审美现象分析

桥旅的审美现象和纯粹的桥梁审美有一定的区别，最主要的区别在于对于桥梁的审美主要从三维的视觉感受出发，重视桥梁的几何化造型、尺度、色彩、材质、光影等要素；而桥旅则加入了时间的维度，成为四维的空间。对于四维空间的审美，则更加强调随着行为动线的推进，不同时空下对于桥梁审美活动的变化。这种审美活动会随着桥旅受众跟桥梁的互动距离变化产生强弱的变化。在距离桥梁较近的岸边或者路边，对桥梁的审美视角是微视的，受众会关注桥梁的尺度感、材质肌理感、光影感等；而当游览距离发生改变，在距离桥梁较远的山城步道上或高楼大厦上，受众会关注桥梁的整体色彩、整体造型、通透感等要素。其实，这些随着时空变换的桥旅审美要素与建筑的审美要素还有一个最大的区别，就是桥梁的"形式运动"，人们的视线会随着桥梁的结构线形做有规律的视觉运动。这个最主要的体现在有规律弯转的折线和有心理力的曲线上，除非是布朗运动——毫无头绪的变化方向的直线极不美，主要是由视觉的运动没有规律引起的精神上的错乱。[1]

---

[1] 唐寰澄：《桥之魅：如何欣赏一座桥》，北京出版社，2021。

（一）结构之美

在重庆这样的山地城市，很多建筑都需要解决复杂的力学结构问题，以应对周边地形环境。而要完美解决力学问题，要经过复杂的计算，最优解往往既符合力学要求，又符合美学需求。最极致的科学本身就是极具美感的。因此，能够完美解决桥梁力学的结构所形成的美感，更加能够引起受众的审美共情。这种审美现象在很多桥梁设计和城市公共空间设计中都能见到。比如，桥梁设计中的桁架结构要想获得结构之美，需要合理地布置结构。在设计阶段研究桁架结构的立面、寻找错综复杂的桁架结构之间的形态节奏规律。但是结构布置不能过于复杂，应当在符合基础力学功能基础之上做适当简化，在条件允许的情况下甚至可以适当减少断面联结。没有断面联结的优点是减轻了重量，结构上可使风力传递明确，桥梁增加了净空，简洁明朗，受众可避免心理上的烦恼。[1]

结构之美在桥旅艺术的呈现上具有更加重要的意义，尤其是在三维甚至是四维的空间上，结构视觉会随着动线的不断推进呈现出不同的面貌。之所以科学合理的结构设计本身能给人以美的视觉享受，除了外露的结构框架带给人以严谨的数理感之外，还在于结构的准确能给人以安全、稳定、几何化的心理力，这种心理层面的感受也直接受到视觉对于结构美感的识别。因此，结构之美在桥旅中主要体现在桥梁的造型设计和结构表现中，通常受众也将其识别为一种技术美学。

---

[1] 唐寰澄：《桥之魅：如何欣赏一座桥》，北京出版社，2021。

图10-8　福建福州公路桥近景和远景都能体现出结构之美（摄影：庄耘）

（二）配色之美

对于城市中具有标志性作用的桥梁来说，不仅为桥旅提供了一个最主要的观赏游玩目标，更重要的是能够给人留下符号化的印象，但是桥梁的造型，尤其是大跨度的桥梁，在桥型选择上能够做的变幻比较有限，但是在色彩规划层面可以做出的创造性相对较高。桥旅景观的色彩搭配一定程度上承担了最重要的符号化和区别化的功能。当然，虽然配色的手法有很多的变换形式，但并不是随心所欲、胡乱添加，也需要配合桥旅的路线规划和桥梁的周边环境做出恰当的城市色彩规划。而桥旅艺术的色彩之美的第一要义是要遵循整个区域的城市色彩规划，然后可以根据周围环境和桥梁自身状况，以及当地的文化风俗寻找适合的色彩搭配。总而言之，科学而富有创造性的配色方案不仅能够提升桥旅的审美感受，同时能够最大程度上将桥梁设计风格表现出来，在不进行过多结构改动的基础上做到差异化。尽管如此，配色方案也不是万能的，还应该寻找文化根基，这样的配色之美才更有文化内涵。

图 10-9 浙江温州的北口大桥与高明大桥（摄影：庄耘）

（三）秩序之美

在建筑的规划布局和设计中，往往十分重视空间的秩序。在桥旅的空间编排中，也离不开空间秩序的限定，而且合理的空间秩序能给桥旅增加更多的体验美感。如果从广义的层面理解秩序之美，那就似乎不能只是谈及空间的秩序了，还有很多形式的秩序美感可以从桥旅中体现。这里主要涉及桥梁在空间叙事中的元素呈现的主次关系、周围建筑群和自然环境的尺度关系、桥梁与行人界面的交互关系。处理好这些秩序关系，同样能够给桥旅带来美感体验。首先是元素呈现的主次关系，在处理与桥旅相关的城市公共环境空间界面时，应当考虑桥旅路线中的景观节点的主次关系，桥梁作为一种城市公共艺术品出现时，跟周围先后出现的景观构筑物之间应当有前后的顺序关系，也应当有主要景观和次要景观之间的节点配合。其次是桥旅与周围建筑群和自然环境的尺度关系，应当在桥梁设计之初就考虑到桥梁体量和周围建筑群落体量之间的关系，这主要分为横向视野上和纵向视野上的关系。处理好这些尺度关系是为了让桥旅体验更加有秩序美感，对于桥旅过程而言，无论是静态的秩序之美还是动态的秩序之美都应当考虑尺度带来的影响。最后是处理好桥梁与行人界面的交互关系，行人无论是在桥梁的内部空间还是外部空间行走，其实都是从人的视角去审视桥梁，这个时候存在行人和桥梁空间界面的空间互动，无论是空间的分割、融合还是转场，都应该考虑其之间的交互关系的秩序。

（四）光影之美

在艺术创作中，光影是创作者最偏爱的要素，光影不仅可以将时光这种虚无的概念用视觉化的形式表达到实体当中，还作为以一种区别于三维之外的第四维度，拓展了艺术的形式美感，同时建立起欣赏者与创作者的动态联通。光色与影形往往是相互依存的，光通过不同的介质，或透过或遮挡地传送到不同的材质表面形成多姿多彩的影形。由于介质和光源的不同类型，影形也可以呈现出丰富多彩的质感。桥旅艺术本质上也是增加了时间维度的艺术，这里面一定会有光影的介入和表达。美感的出现往往是来自光和影的反复对话实验中，创作者们总能用一种介于理性和

图 10-10　广西柳州白露大桥的系杆形成的结构之美（摄影：何俊涛）

感性之中的平衡感找到最美的光影艺术表达。换个角度看，任何桥旅的参与者都可以在一天之中体验到晨曦到黄昏中的太阳光变换，仅仅是从自然光中就能找到很多可以利用的要素。光影的艺术性除了体现在形态上，还体现在层次感上。最能变幻出多重层次感的要属人造光了，对于桥梁设计和桥旅夜游设计来说，城市中运用最多的就是亮化照明的系统了。学者王京红认为，色光（主要是指人造光，运用在夜景照明中）的设计手法主要有三种："呈现"、"塑造"和"创造"，其实指向的是三种色光创作立场[①]，并不是所有的景观构筑物都像桥梁一样需要被强调，有的需要寻找其与周围环境的平衡感。因此，用实事求是的打光手法去呈现也是一种通用的设计思想。当然，桥梁在桥旅中更多的是需要被

---

① 王京红：《夜城市色彩：塑造一城双面》，中国建筑工业出版社，2019，第 159 页。

凸显出来成为跨水或者跨路的艺术品，多数时候创作者会利用灯光把桥梁塑造成为城市夜景中锦上添花的装置艺术。

图 10-11　广西柳州文惠桥的桥旅光影艺术（摄影：何俊涛）

（五）五感之美

1. 视觉

通过桥梁的形状、外观、颜色等来营造美感。使用色彩，通过选择不同的颜色，营造出特定的视觉感受，比如安静、冷静、活泼、热情等；使用形状，通过选择不同的形状，利用图形设计语言，营造出不同的视觉效果。使用技巧，通过对图形、颜色等进行技巧性处理，来创造出特定的视觉效果，如模糊、拉伸、扭曲等。使用细节，通过运用细节，如光线、纹理、质感等，来营造桥梁艺术中不同的视觉效果。

图 10-12　浙江宁波三官堂大桥（作者自摄）

2. 听觉

在桥面上采用木头等材料，以便增加民众步行时所发出的声音，从而营造出一种舒适的氛围；利用音乐来营造一种桥梁艺术的听觉感受，可以在桥梁的特定位置设置音响，给游客放送专为桥梁设计的背景音乐，以此来增强桥梁的艺术感受；利用自然声音来营造一种桥梁艺术的听觉感受，可以在桥梁的特定位置设置音响，给游客放送自然音乐，如流水声、风声、鸟鸣等，以此来增强桥梁的艺术感受；利用环境音乐来营造一种桥梁艺术的听觉感受，可以在桥梁的特定位置设置音响，给游客放送环境音乐，如清晨的鸟鸣、夜晚的虫鸣等,以此来增强桥梁的艺术感受。

3. 触觉

桥梁的表面材料应该柔软、温暖、舒适,以便满足人们的触觉感受。选择不同的质料和结构来创造出不同的触觉感受,可以使用木材、石头、金属等材料,以及不同的结构形式,来模拟不同的触觉感受;使用不同的颜色来增强桥梁艺术中的触觉感受,可以使用暖色调或冷色调,以及散发光泽的颜色来创造出不同的感觉;利用现代技术手段来创造出桥梁艺术中的触觉感受,如使用3D打印技术、机器人技术、虚拟现实技术等来创造出不同的触觉感受。

4. 嗅觉

设置植物,让桥梁周边有植物气息,以及让桥梁每天发出不同的气味。使用设计手法营造桥梁艺术的嗅觉感受,可以通过采用特有的材料,在桥梁艺术中制作出有特殊气味的设计;利用艺术家创作的桥梁设计,如创作出特殊的空间,利用特殊的纹理、色彩和光线,形成独特的嗅觉体验;利用景观设计中的香草、植物、树木等,营造出一种恬淡的气味,形成独特的视觉和嗅觉相结合的感受;利用水景设计,将桥梁的周围环境美化,营造出一种清新的气息,形成独特的嗅觉体验。

六 桥旅艺术的空间叙事美学的基本类型

桥梁旅游是一种具有限定主题的文化旅游,桥旅具有社会活动属性,其中包含着复杂的人的时空行为特征。在探究桥旅所涉及的内容与形式时,不得不先对与桥旅相关的活动节律和空间秩序做一个明确的规划。做桥旅的规划不是简单地去欣赏桥梁,也不是仅仅围绕桥梁游走,而是要形成一套具有叙事性的时空行为,即所有的桥旅活动可以是以事件为出发点。

最早的解构主义建筑师之一伯纳德·屈米（Bernard Tschumi）对空间中的序列与计划（Sequence and Programme）提出了三种相互作用关系，分别是转换的序列（Transformational Sequence）、空间序列（Spatial Sequence）和计划性序列（Programmatic Sequence）。屈米把与建筑秩序产生关系的计划也分为三类，分别是与空间序列无关的、增强空间序列的以及间接地作用或者反对空间序列的。[1]

在屈米的建筑设计实践中，显然他更倾向于事件和空间之间相互冲突的关系，认为在这种事件本身的秩序和空间秩序在相互碰撞中所产生的建筑暴力是可以为建筑空间拓展出新的内涵与定义边界的。在传统的空间设计中，设计师很少考虑事件是如何作用于建筑空间的，毫无疑问的是，屈米对于事件与空间关系的新的主张，打破了功能主义所认为的"形式追随功能"的教条。从空间构建视角探寻桥旅艺术的营造，其实也是从事件秩序与空间秩序的碰撞中寻找新的空间刺激。并且随着图像与影音传媒技术的发展，桥旅艺术已经脱离了桥梁建筑的单纯视角，成为事件与空间展开碰撞与对话的修罗场，这与屈米的事件空间观念不谋而合。借助屈米对于建筑空间设计的探索，桥旅艺术的营造也可以展开事件与空间之间关系的探讨。

对于事件的内涵，最直接的解释是对应英文当中的"event"，但是"event"对应的中文解释还包含诸如"活动、大事、既定活动、赛事"等。因此，这里我们可以将事件理解为一个人或一个群体围绕某种目的而进行的行为活动。把以事件为中心的桥旅空

---

[1] 楚超超：《关于屈米》，《建筑与文化》2008年第8期。

间理解为一种可以容纳人们进行桥梁旅游行为活动的城市空间，那么这里所涉及的桥旅活动事件大概可以分为三种。一是以自发性散点游走的形式进行的游玩活动，如休憩、娱乐、社交等行为。二是以自发性散点聚集的形式进行的活动，如观看表演、街头艺术、公共艺术互动等行为。三是以组织性焦点聚集的形式进行的活动，如参观活动、科普和户外游学等活动。这些活动都可以包含在桥旅空间的事件中。

屈米将使用者与建筑空间的关系看成一种暴力（Violence）关系，一种建筑物及其使用者之间的任何一种关系都是一种暴力，正如桥梁与使用桥梁的人有着某种暴力关系。这种暴力不是冲撞和破坏，相反地，它意味着人的身体进入桥旅的系统中去，与既定的桥旅空间发生关联，而这种关联是不确定的，是变化中的。与传统旅游相比，这种不确定关系发生得很短促，并不受整个系统的调控。任何对桥旅的体验都是人的身体进入桥旅的既定空间中，是一种秩序进入另一种空间中。

屈米认为事件与空间二者之间的冲突和暴力是建筑的概念与生俱来的，建筑是与事件紧密相连的。这种对建筑的定义在肯定空间的同时，也赞同了发生在空间中的行为，因为只有行为才能构成事件，空间和行为是一种共生关系。桥旅活动本质上也是一种人的行为，准确地讲是一种事件，空间叙事应该围绕桥旅空间的事件展开，只有这样，桥旅才能跳出传统旅游活动的教条，形成新的空间刺激，促发新的感官艺术与活力。

桥旅中的事件和桥旅的空间的具体关系与建筑中事件和空间的关系虽然不能完全等同，但还是有很多共通的地方。在桥旅的各种空间形态中也存在着事件的不确定性，未必是既定的旅游路线和已知的空间节点。在桥旅中，人的行为同样具有不确定性和

图 10-13　重庆曾家岩嘉陵江大桥夜景艺术层次（作者自摄）

机动性。如果旅游计划是既定的和已知的，那么旅行体验也会变得乏味和枯燥。因此，可以利用事件与空间的多重关系重新审视桥旅艺术所能提供的其他价值。利用空间中点、线、面三个层次和系统的叠加，衍生出多维度不同的空间中事件的可能性。也就是说，对于桥旅中事件的描述并不能很具体贴切地表明其空间的所属关系、功能性质等特征。

大部分的旅游规划也企图找到桥旅中不确定事件的规律，希望可以做出完美的策划。但是往往空间中的事件具有不确定性，不确定性意味着空间的设定需要具有更多的通用性。但通用性经常被用在营造无障碍环境设计中，桥旅的过程涉及大量城市公共空间。

桥旅空间美学与桥梁美学最大的区别是桥梁关注单体桥梁景观的提升，而桥旅建设打造亟须重视城市桥梁群的规划问题。不仅要考虑桥梁本身的美学问题，桥旅还需要考虑整个行为动线中可能出现的桥梁和其他附属空间，也就是城市桥梁群景观。城市桥梁群规划概念的提出就是为了防止多桥城市在城市整体规划层面出现桥梁各自为主、景观效果混乱、各桥梁景观相互干扰的情况。而城市桥梁群的规划大体上分为四类：一是基于城市规划和交通规划的桥梁群规划，二是基于城市设计的桥梁群规划，三是基于城市历史文化遗产保护、更新与再生的桥梁群规划，四是基于城市桥梁美学创作的桥梁群规划。根据这四种分类，可以将桥旅艺术的空间叙事美学也进行基本分类，其空间叙事结构主要根据城市规划结构进行建构。

（一）交通规划型桥旅叙事

基于城市规划和交通规划的桥梁群建设有其主要的技术标准限制，因此与其相对应的交通规划型桥旅叙事也需要参考整体的城市交通布局。比如，在侧重于公共交通旅游的路线规划中，距离桥梁节点较近的地铁、公交等站点的美学营造应当侧重于标志性和吸引力，在空间的指示设计上应当强调和突出桥梁节点的地域文化特色；在依赖巴士通行的旅游路线规划中，则可以灵活处理桥梁节点与城市建筑和绿地环境的穿插，在居住区、商业区和桥旅景观区之间进行合理的秩序安排，以交通效率最优的方式进行编排和布局；在以步行或自行车等绿色出行方式为主的旅游路线规划中，可以沿着滨河绿道等桥旅景观带设置观景平台等附属设施。其节点与节点之间应当注意城市文脉的连续性，融入体验性、互动性和趣味性，以便在线性景观中形成更好的空间叙事；还有一类比较特殊的交通设施，如重庆的长江索道北起渝中区新华路（长安寺），南至南岸区上新街（龙门浩），全长1166米，始建于1986年3月20日，1987年10月24日竣工投入运行，是我国自行设计制造的万里长江上第一条大型跨江客运索道，有着万里长江第一索的美誉，一度成为山城市民重要的过江交通工具；进入20世纪90年代后期，曾经风靡一时的过江索道因缺乏灵活性，客运功能逐渐弱化；如今，经过改革，长江索道实现了华丽转身，变成了重庆旅游地标。①

像这样的特殊类型的交通工具，其交通功能已经退化，主要是发挥其旅游价值，过江索道不但拥有极佳的桥旅视野和观景体验，而且不占用其他交通资源，是一种具有极佳观赏体验性的桥旅设施。并且由于其具有较强的地域文化属性，同时也可以作为文化旅游的重要节点。而文化旅游，重要的是文化环境和文化氛围的整体感受。旅游文化演绎，是指通过景区讲解员或带团导游，将静态文化动态演绎出来，形成情境化体验模式，增强感染力，使游客达到身临其境、感同身受的效果。因此，其对应的空间叙事需要经过提炼，将空间营造出历史与故事感，从而带来沉浸式的体验和乐趣。

（二）城市设计型桥旅叙事

基于城市设计的桥梁群景观主要侧重于城市桥梁风格特征、造型要求等方面的规划考虑。② 而城市设计对天际线、地形、水体、建筑、桥梁、道路和广场等要素的综合设计要求较高，不仅对其使用功能和工程技术有具体要求，同时还要对环境艺术空间进行处理。因此，基于城市设计的桥旅叙事空间，在视觉呈现上体量较单体桥梁的影响面较大，但同时与线性呈现的城市交通规划

---

① 《重庆记忆——长江索道，揭秘重庆网红地标的前世今生！》，360个人图书馆，http://www.360doc.com/content/19/0221/04/19096873_816444838.shtml。

② 徐利平：《城市桥梁美学创作》，同济大学出版社，2017，第236页。

相比具有更为块面化的空间叙事特点。应当考虑一个区域性的整体呈现，比如城市的中心商业区往往是一个城市地标出现频率最高的地方。那么此区域的城市桥梁群应当突出城市中心街区政治、经济和文化的集中辐射性，其空间叙事更应该考虑其更多维度的属性展现，其空间叙事美学的态度应当是更加包容、多元和现代的。

图 10-14　重庆城市会客厅桥旅景观（作者自摄）

在面状的桥梁群景观空间叙事上，既需要符合上位的区域规划，又要满足地块自身的三维空间环境设计。桥梁在城市区域空间内的整体效应直接影响桥旅的体验，需要根据区域内的水域面积、桥梁体量、核心功能和旅游经济等因素综合考量桥梁及其周围整体空间的景观设计。

(三) 历史文化遗产再生型桥旅叙事

城市中的历史文化遗产是城市发展旅游业宝贵的资源，对于桥旅而言，更是城市区域与区域之间形成联结的最好介质。桥旅的空间叙事如果可以站在城市历史文化遗产保护与再生的角度，那么会对人类构成城市记忆和传承历史文化有着重要的意义。通过桥梁把新城区的活力灌入老城区的厚重文化中，形成新旧城区之间的互动与平衡，也为桥旅叙事带来丰富的内涵与文本。

图 10-15　重庆黄桷垭老街景观（作者自摄）

城市中有些桥梁不仅是历史文化遗产街区与城市桥梁空间的联结，而且其本身还具有极高的文化价值。例如，重庆有很多现存的古桥，最早的是北宋年间的桥，绝大部分为清代古桥。通过桥旅叙事将这些桥梁与重庆的旅游业相结合，形成良好的空间体验。可以通过把历史文化遗产空间与桥梁空间进行线性穿插，让故事文本的传播在桥梁和城市公共空间中进行交叠，从而形成整体的空间叙事。这样的桥旅空间一般是步行友好和自行车友好的，允许受众绿色出行，进行慢行体验。

图 10-16　重庆中山四路的老树根承载的时光痕迹（作者自摄）

城市桥梁的周边承载着很多城市记忆，但是由于城市土地功能的转变，很多桥梁周边观景带焕发了新的光彩，拥有了新的城市地标和名片的功能，也必然面临着文化层面新的挑战和机遇。历史上化龙桥是与朝天门和磁器口齐名的重庆水码头，是中药材、水果、陶瓷等物资的集散地，吸引着许多工业企业落户于此。化龙桥还是重庆历史上的第一座公路大桥，是成渝公路的交通命脉。随着老化龙桥片区的拆迁和整体改造，这个古老的地名现在几乎已经被"重庆天地"这个新地名取代了，关于化龙桥的城市记忆可能随着新的文化地标和新的城市生活形式的出现而慢慢被人遗忘。

（四）植根桥梁艺术的桥旅叙事

基于城市桥梁美学创作的桥旅叙事，主要是将桥梁技术与艺术相结合，通过艺术的手法打造桥旅空间。这一类桥梁在空间艺术创作的自由度上比较大，可以根据当地文化特征展开桥旅的规划，主要围绕桥梁本身的艺术价值展开规划。主要关注桥梁本身的造型、色彩、材质、光影、照明、声响等综合因素。而游客主要的关注点在桥梁艺术的欣赏层面，更多强调空间与艺术的融合，以及桥梁周边的环游空间中对于单一桥梁的叙事性表达。

图 10-17 浙江宁波三官堂大桥材质与光质的呈现对比（作者自摄）

七　桥旅技术创新

（一）桥梁本身的技术创新

桥梁艺术设计可以通过以下技术创新来改善其性能：①采用新型结构设计，使桥梁更加坚固耐久；②采用新材料及其组合，提高桥梁的抗震能力和耐久性；③采用新型桥面结构，提高桥梁的耐久性和安全性；④采用新型控制系统，提升桥梁的通行能力；⑤采用新型技术，提高桥梁的安全性能和使用寿命；⑥通过智能系统和控制技术，提高桥梁的智能化水平；⑦采用新型维护技术，提升桥梁的使用寿命。

可以采用混凝土、玻璃、钢筋混凝土、木材等新型材料进行桥梁体验空间艺术设计。混凝土具有强度高、耐久性强、结构灵活等优点，玻璃具有良好的透光性、美观性、耐腐蚀性强等优点，钢筋混凝土具有较高的抗压强度、耐久性强等优点，木材具有良好的保温性、美观性等特点。

桥梁艺术设计在技术创新时应当注意以下几点。力学和结构方面：桥梁设计应符合力学原理，避免构件过载，确保其足够的稳定性和承载能力。抗震性能：桥梁设计应考虑地震的影响，采取抗震措施，以防止结构受损。水文环境：桥梁设计应考虑河道的水文环境，以保证桥梁的正常使用。经济性：桥梁设计应考虑经济性，即设计成本和使用成本，以节约建设费用。材料：桥梁设计应考虑桥梁结构材料的性能，确定材料的强度、刚度、耐久性和经济性。施工工艺：桥梁设计应考虑施工工艺，包括桥梁构造、桥墩位置等，以确保桥梁的安全性和质量。

要实现桥梁结构的艺术美学与审美和谐统一，需要从力学结构的设计出发。桥梁的力学结构要求具备足够的强度，能够抵抗各种荷载，并且结构合理，稳定可靠。同时，考虑到桥梁美学特点，可以采用新型材料、新型结构、新型技术，使桥梁结构更加美观大方。另外，在桥梁的设计过程中，要注意桥梁的视觉效果，使桥梁的轮廓、曲线、尺寸等符合审美要求，达到审美的和谐统一。

桥梁的抗震性能与桥梁艺术学之间有着千丝万缕的联系。首先，桥梁艺术学是桥梁设计的重要组成部分，它是桥梁结构性能的关键因素之一。艺术学可以有效地帮助设计人员把桥梁结构设计得更加稳固、经久耐用，从而更好地抵抗地震能量的传播。其次，桥梁艺术学也可以帮助设计人员更好地考虑桥梁的力学性能，提高桥梁的抗震能力。最后，桥梁艺术学可以帮助桥梁获得更好的美学效果，增强桥梁的美观性和经久性，从而更好地抵御地震灾害。

桥梁的水文环境和桥梁艺术美学之间有着密切的联系。水文环境决定了桥梁的视觉效果，而桥梁艺术美学则关注于将它们融入美学设计中，达到更加出色的效果。因此，桥梁的水文环境和桥梁艺术美学之间存在着密不可分的关系。桥梁可以影响水文环境的水流、水位、河床形态和水质等，而水文环境也可以影响桥梁的安全性和耐久性，如果桥梁不能有效抵抗水文环境的影响，就可能出现桥梁被破坏或损坏的情况。此外，桥梁的建设也可以改变水文环境，如果桥梁的建设会影响水文环境的水流、水位等，则应该采取措施保护水文环境。

桥梁设计经济性与桥梁艺术美学之间有着紧密的联系。桥梁设计师需要在考虑经济性与技术性的同时，还要考虑如何能够创造出美观大方的桥梁，以达成美学效果。经济性和美学性并不是矛盾的关系，而应该协调和结合起来，以创造出更加完美的桥梁设计。优先考虑桥梁的功能和安全性，尽量使用轻型材料，减轻桥梁的重量，从而降低施工成本；尽可能考虑桥梁的外观，使用多种色彩、纹理和线条，增加桥梁的美感；加大桥梁支撑结构的设计，使其更加美观大方；在选择桥梁材料时，可以选择高价值的耐久性材料，以便长期使用；结合桥梁的安全性和美观性，分析桥梁的构造，以便使桥梁的设计更加完善、更具艺术感。

桥梁材料的选择是桥梁艺术美学的基础，也是桥梁艺术美学的重要组成部分。桥梁材料的选择会影响桥梁的结构、颜色、灯光和其他艺术特色，从而影响桥梁的艺术美学。玻璃材料用于桥梁设计中可以体现出透明度、空间感、光泽和色彩的特质，以及桥梁的线条和造型的美感。此外，利用玻璃材料设计桥梁还可以提升桥梁整体的建筑美感，钢筋混凝土材料用于桥梁设计中可以体现出强度、稳定性、耐久性、安全性和审美性等审美要素。此外，还可以体现出它的外观设计，如桥梁的曲线和线条，其样式可以表现出科技感，也可以表现出艺术感受；木材在桥梁设计中可以体现出视觉美感、完整性、平衡性、可持续性、抗腐蚀性、耐久性等审美要素。

桥梁的技术创新需要突破工程设计、施工技术、材料选择、施工方式、施工管理等方面的问题。桥梁艺术的工程设计主要包括桥梁形式设计、桥梁结构设计、桥梁构件设计、桥梁开挖及施工设计等。其中，桥梁形式设计和桥梁艺术呈现是密不可分的，因为桥梁的设计决定了桥梁的外观、形状和空间，而桥梁的艺术呈现则表现出桥梁的文化气息和历史意义。桥梁形式设计和桥旅艺术呈现是相辅相成的，它们是一个有机整体；桥梁施工方式与桥梁艺术呈现的关系主要体现在对空间及结构的把握上，桥梁施工方式的抉择及设计决定了桥梁的艺术呈现，而桥梁艺术呈现又可以为桥梁施工方式提供新的设计构想，使桥梁施工方式得以更加完善；桥梁施工管理与桥梁艺术呈现的关系是，桥梁施工管理是为了保证桥梁的安全及可靠性，而桥梁艺术呈现则是为了让桥梁更具有美感和视觉效果。桥梁施工管理与桥梁艺术呈现之间是统一的，因为它们都是为了让桥梁更安全、更美观。

桥旅艺术可以与加强现实技术相结合，以创造出具有独特视觉效果的视觉体验，使人们更加深入地观察桥梁的结构特征和重要元素，这样既可以增强桥梁的审美效果，也可以提供更加准确的桥梁结构信息。例如，使用加强现实技术可以提供可视化的桥梁结构说明，以便让人们更加清楚地了解桥梁的特点。此外，加强现实技术还可以帮助桥梁艺术家创作出更加精美的桥梁装饰，以增强桥梁的美学效果。

（二）空间叙事创新

桥梁的空间叙事主题包括历史的角色、环境的变化、文化的影响、技术的进步、自然的美丽、人文的情感、城市的发展、历史的记忆等。桥梁历史角色叙事主题主要反映在桥梁在城市建设历史上起到了重要的作用，包括改善交通的联系、为水上运输提供出行便利、促进城市经济发展、提升城市品位、为观光和旅游提供支撑等。桥旅艺术的空间叙事随着环境的变化而发生了变化，例如，当桥梁附近的景观发生变化时，艺术家可以用新的技术或元素来改变桥上的空间叙事。此外，当桥梁处于不同的地点时，桥上的空间叙事也会发生变化，因为桥上空间可以反映当地的文化特色，其本身的空间介质也可以成为一种艺术形式讲述变化的环境与历史。

桥旅艺术和地域文化之间存在着密切的联系。桥旅艺术可以

图 10-18　重庆山城步道望向南纪门大桥的桥旅景观（作者自摄）

被认为是地域文化的一个重要组成部分，它可以反映出一个地域的历史、文化、风俗以及民间艺术。桥旅艺术的研究也能为我们提供更深入的了解和认识地域文化的宝贵资源。桥旅艺术与重庆的地域文化之间的联结有很多种。首先，桥的建筑能够表达出重庆独特的城市建筑风格。其次，桥旅艺术也能够把重庆特色的文化精髓与当地的景观和文化遗产融合在一起。最后，桥旅艺术也能够激发当地人民对自己文化的认同感，从而促进当地社会文化发展。重庆的桥旅艺术与重庆的山地景观结合在一起，可以构成一个丰富多彩的视觉体验。比如，在大自然的山林中体验桥旅艺术，可以在桥的沿途欣赏到湖泊、山谷、滩涂、森林等美丽的景色，更可以近距离欣赏到山谷中的悬崖壁画、万籁俱寂的山谷景观以及桥梁的多样化艺术设计。每一处景观都能为游客带来令人流连忘返的惊喜，让人们在桥旅艺术与重庆山地景观之间充分品味、欣赏、体验大自然的美丽。桥旅艺术与自然水体和谐共生的设计方法包括利用现有桥梁空间和可用的生态资源，以及改善流域本身的生态结构；采用更加环保的桥梁材料，以减少对水体的影响；提高桥梁的景观质量，同时兼顾环保；在桥梁设计过程中，优先考虑水体与桥梁相互间的协调，以及桥梁与环境的和谐共生状态。

图 10-19 重庆嘉华大桥岸边的佛图关白骨塔成了一道风景线
（作者自摄）

第十一章　桥旅 GLAM 馆的艺术介入性及其表现

一　桥旅 GLAM 馆的艺术介入性

桥梁旅游在地理范围上，不仅包括桥梁周边可游玩、可休憩的公共空间，还包括从交通规划上可达的城市其他地带的文化空间。从旅游路线的规划上，可以分为桥周旅游区、城市中心桥旅区、其他桥旅综合文化展示区等。因此，桥旅的发生不仅仅是只有桥梁周围可以欣赏到桥梁的视野范围内，还可以联动整个城市的文化资源，共同打造桥旅文化，而 GLAM 馆的营建也为城市桥旅提供了新思路。

近年来，图书馆、博物馆、档案馆呈现资源整合的趋势，三馆合并后被称为 Lachiveum，在场馆建设上更是呈现出公共性、开放性、文化性等特点。由于城市更新背景下对艺术介入文化场所营建的软性需求，美术馆的设计和营建也被加入城市文化发展的计划中，在发达国家，呈现一种美术馆（Gallery）、图书馆（Library）、档案馆（Archive）、博物馆（Museum）多馆合并的趋势，合并后的机构被称作 GLAM。GlAM 相比于 Lachiveum 理论多增加的美术馆在实质上增加了场馆建设时的艺术介入性。本书认为，GLAM 馆的营建不仅可以发挥 Lachiveum 理论中资源整合后复合型文化场所空间的优势，也能够为桥旅提供艺术介入性的场所，在线上资源整合方面更加具有开放性和包容性。因此，桥旅可以借助 GLAM 馆的营建打造延伸的空间。

（一）Larchiveum 与 GlAM 的理论溯源

2008 年，美国得克萨斯大学的 Megan Winget 提出从信息利用者便利的角度，应该将图书馆、档案馆、博物馆的功能进行复合，营造一种综合型信息机构（Multidisciplinary Collecting Institution），这个机构能够为信息使用者同时集中提供多样化信息。[1] "Larchiveum" 是图书馆（Library）、档案馆（Archive）和博物馆（Museum）的联合术语，是一种可以一次性密集地容纳各种跨媒体的信息的复合型文化机构。[2] 其之间的关系如图 11-1 所示。

图书馆、档案馆和博物馆的结合是不同的文化功能空间为了顺应信息技术发展而进行的融合，这意味着每个机构的专业知识基于跨学科交流分析和重构的目的，需要转型为复合型多元文化空间，以丰富其功能和扩展其内涵，在为专业学术团体提供信息服务和研究资料的同时，也能够面向大众，将文化遗产的传承融入人们的日常生活，同时提供经济价值和更多的大众共创可能性。

---

[1] Melissa Terras, "Opening Access to Collections: the Making and Using of Open Digitised Cultural Content," *Online Information Review*, 2015, 39 (5): 733-752.

[2] Jang Yoon Jung, *Study on the Current Status of Operation and Activation Methods of Public Libraries with Multi-Functions*, Chonnam National University, 2017.

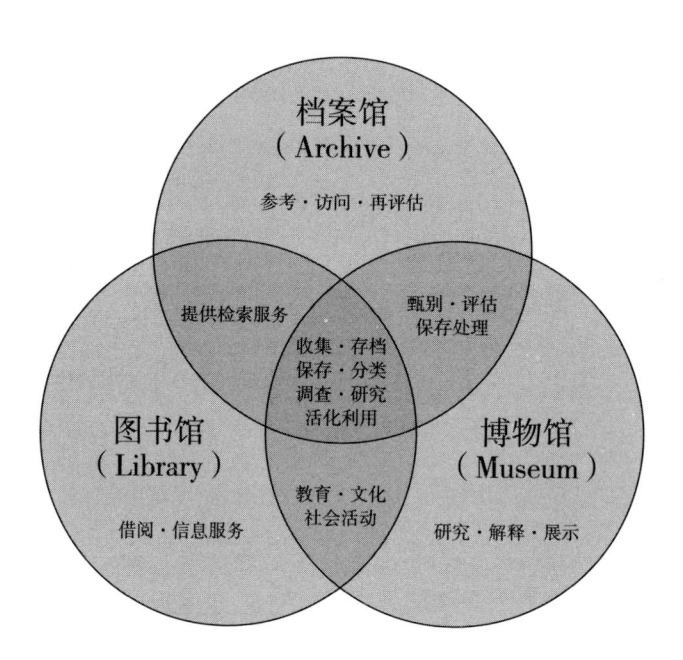

图 11-1　Larchiveum 理论下三馆功能关系概念示意

资料来源：Yoon, Sunyoung, *A Study on Cultural Use of National Industrial Complex A Study on Cultural Use of National Industrial Complex Focused on Larchiveum*, Seoul National University, 2016.

与历史文化主题相关的档案馆、图书馆、博物馆，其各自主要业务和社会功能如表 11-1 所示，这些功能主要集中体现了三馆在早期发展过程中的主要发展方向。

表 11-1　Larchiveum 对三馆主要业务和社会功能的合并兼容

档案馆	图书馆	博物馆
文物档案调研和收集策略研究	文化类图书资料调研和收集	文化遗产学术性和艺术性的调研
文物档案管理和业务进程	文献分类和目录组织化	按照材质对藏品保存处理和管理

续表

档案馆	图书馆	博物馆
文物档案保存设施和必备环境条件	图书资料的阅览和检索服务	馆藏资源的展示服务
文物档案阅览和信息公开服务	地方行政信息中心	提供地方乡土文化遗产信息
地方志归档和提供乡土文化资料	市民休闲文化体验	支持文化创意产品开发
文物档案资源的内容开发和体验	支持知识信息内容开发	提供综合文化教育项目
用户细分和提供相应便利	用户细分和文化教育	运营复合文化设施和便利设施
经营支援和系统化运营管理	经营支援和业务支持	行政事务和顾客服务

从表11-1可以发现，传统档案馆、图书馆和博物馆的功能有各自的核心和重点，同时也有部分重叠之处，而Larchiveum的理念就是要整合三馆各自功能，将文物调研、信息处理、用户服务、运营管理上重叠的重点功能合并放大，将各馆自身的优势有机融合。① 比如，档案馆对文物档案的管理职能、图书馆的信息检索和资料阅览的功能，以及博物馆对文物的展示和学研功能结合，形成从收集、研究、展示、交流、再创造的线性流程工作。

---

① Anna Maria Tammaro, "Participatory Approaches and Innovation in Galleries, Libraries, Archives, and Museums," *International Information & Library Review*, 2016, 48 (1): 37-44.

实际上，在 Megan Winget 教授首次引入 Larchiveum 的概念之前，美国和英国学界一直进行着图书馆、档案馆、博物馆的合作的讨论和尝试，在这些讨论和尝试中经常使用的术语是"LAMs（Libraries, Archives and Museums）"或者"MLAs（Museums, Libraries and Archives）"，Megan Winget 试图传达这三个机构之间合作的概念，并非简单地合并，它提出"Larchiveum"与"LAMs"或者"MLAs"这两种简写形式的术语相比，更能指明三馆之间的关系，即提供新型合作服务的模式。在亚洲，韩国学术界运用 Megan Winget 的概念设计建设了很多 Larchiveum 馆，后期由于文化艺术对经济的推动作用不容小觑，又加入了美术馆（Gallery）的艺术要素，随着以 Larchiveum 为中心的文化遗产机构将文化遗产数字化中艺术介入的重要性不断提高，逐渐出现了新的术语：GLAM（Gallery·Library·Archive·Museum）。[①] 但目前韩国学术界对于"GLAM"的研究多停留在文化遗产数字化阶段，更多讨论了美术馆、图书馆、档案馆和博物馆通过协作互助，将文化遗产数字化后在网络平台进行资源共享和使用。但随着近几年中国在独立书店、文化综合体、气氛美学营造的商业设施等公共场所的设计提升，GLAM 的发展也逐渐由网络资源共享转变为线下实体运营和提供文化艺术体验服务，其具体内涵关系如图 11-2 所示。这样的场馆功能经常被整合在一起，正成为新型文化场馆的营销理念，这里可以利用桥旅发挥文化在 Larchiveum 中转变为文化资产后的最大价值。

---

① Lee Jihyun, *A Study on the Open Access of GLAM（Gallery·Library·Archive·Museum）*, Myongji University, 2017.

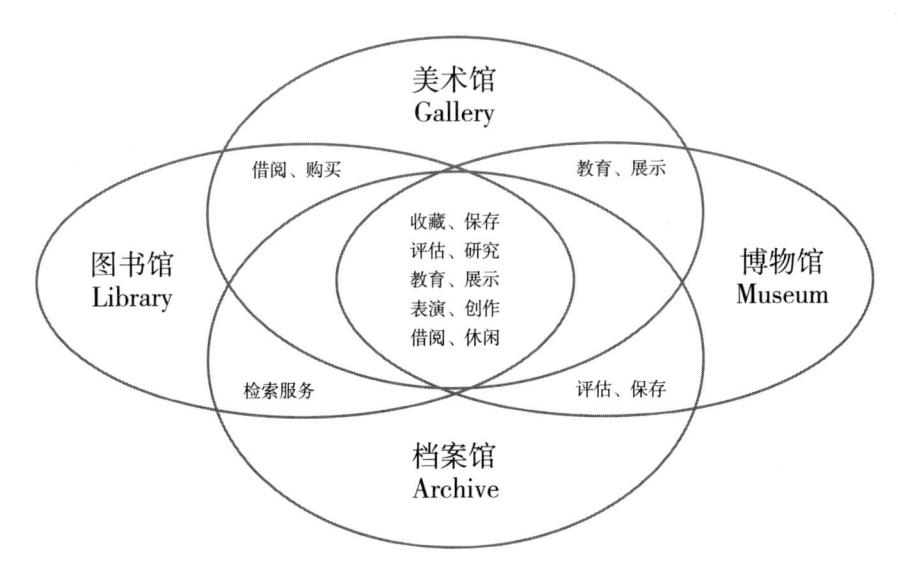

图 11-2　GLAM 概念的内涵

资料来源：作者自绘。

因此，GLAM 不仅是美术馆、图书馆、档案馆和博物馆的结合，与 Larchiveum 将图书馆、档案馆和博物馆集合起来并提供各种服务相比，GLAM 更加注重文化资产的数字化和场所营建的艺术介入性。[1] 结合 Larchiveum 的主要业务和功能，文化遗产型 GLAM 的主要功能，可以总结为内部业务和外部服务两大部分，具体如表 11-2 所示。从 GLAM 馆的复合业态内容上，其实可以感受到新型文化场馆业态已经发生了转换和升级。文化资源在 GLAM 馆的整合下呈现出链条化和综合化的倾向。

---

[1] Marcum, Deanna, "Archives, Libraries, Museums: Coming Back Together?" *Information & Culture*, 2014, 49（1）：74-89.

表 11-2　GLAM 的复合业态

内部业务	外部服务
学术性和艺术性调研和藏品收集*	专家研讨会、演讲、市民教育
文化遗产资源管理和业务进程	提供文化设施使用便利
按照类别对文化遗产进行保存处理	提供学术调研和艺术创作支持
文化遗产资源的阅览、检索和信息公开*	为用户提供文化遗产知识参考**
文化遗产资源策划展示*	为文化从业者提供再创作平台**
用户细分和会员管理	为各类文化遗产的内容开发提供资源支持
文化宣传和经营赞助	提供地方文化资源和文化庆典传播
社会文化共享项目企划	大众休闲和文化娱乐、文旅融合**

注：*为重点业务，**为重点服务。

（二）仙台媒体中心

日本的仙台媒体中心（Sendai Mediatheque）是仙台媒体技术公司于 2001 年开业的一个多功能文化场馆。它是一个高科技信息结构，最初设计为透明玻璃。它有文艺演出馆、诗歌画廊、视听图书馆、花道工作室和咖啡馆等空间。仙台媒体技术公司是作为以前建立的媒体技术计划的一部分而建立的，特别是在 IT 领域，它是建立在数字城市的技术和美学的基础上的新型复杂文化空间，它基于现代图书馆文化融合概念的思想，吸引了人们的注意力，成功地超越了图书馆的功能，也是接纳文化和艺术反思的场所。

（三）加拿大图书档案馆

2004 年，在《加拿大图书馆档案馆法令》下，加拿大国家图书馆（The National Library of Canada）和国家档案馆（The

Public Archives of Canada）正式实现合并，成为加拿大图书档案馆（Library and Archives Canada，LAC）。它集合了原先国家图书馆和档案馆的资源、服务、人员，成为加拿大的知识平台和记忆宝库。

LAC 为加拿大当代民众和后代保存历史文献遗产，成为加拿大人民获取知识的平台，并致力于推动加拿大文化、社会、经济等方面的进步，促进加拿大各种社会团体、机构的知识获取与交流，是保存加拿大政府和其他机构社会记忆的宝库。

随着数字知识资源的开发和通信技术的发展，文化资源的获取方式被重新定义，线上知识付费、网络资源分享、交流讨论的网络平台越来越多元化。利用新的科学技术，将文化遗产数字化，使其能够从无人问津迅速走向被大众认知、传播扩展和再创造。基于良好网络平台运营的文化遗产可以呈现更多元的发展姿态。为了使文化遗产能够更快成为大众可使用的便捷资源，很多机构也在努力发展基于数字技术的未来型图书馆，这其实为构建基于手机用户和平板电脑客户端的虚拟型 Larchiveum 提供了很好的基础。

（四）欧洲 Europeana 数字化 Larchiveum 馆

法国于 2005 年 4 月组织欧洲 19 个国家联合创建数字图书馆，希望在数字图书馆方面形成统一的欧盟体系。而后建立并被发展的 Europeana 是当今国际上较成功的数字文化资源整合项目，Europeana 建设目标是通过构建统一的网络平台来整合欧洲具有代表性的文化遗产资源，为人们了解欧洲历史文化提供一站式浏览与检索服务，实现欧洲数字文化资源更广泛的传播与共享。项目建设初期的重点是对历史文化资源进行数字化加工，2006 年底已完成 6 万册图书的数字化处理，2007 年完成 10 万余册，2008 年第一部分数字化图书投入使用，Europeana 正式对公众开放。随后 Europeana 迅速发展，工作重心由大量纸质资源数字化逐步转向对数字资源的整合。截至 2015 年底，已有 37 个国家的 3500 个机构参与，集聚了 4800 余万条元数据，[①] 在欧洲领先的研究型大学的支持下，已经拥有集博物馆、档案馆和图书馆三者功能于一体的资源平台，在现代化、网络化数字资源建设与服务方面发挥越来越重要的引领和示范作用。

（五）韩国国立中央数字图书馆

随着电子书时代的到来，2009 年 5 月，韩国成立了国立中央数字图书馆 NDL（National Digital Library），在它的网站平台建立了信息广场，使得大众也可以便捷地线上阅览资料。同时，在线下的物理空间为用户提供了配套的教育、创作、交流、休闲、体验服务，希望通过提供数字化和虚拟融合的服务，着重构建公平便捷的信息共享平台。NDL 主要的服务方向分为以下几种：①提供数字化内容的多媒体形式阅览；②举办开放交流活动和通过提升休憩空间的服务促进交流沟通；③提供线上教育、VR 体验、娱乐等以文化内容为主的服务；④提供多媒体内容编辑、生成、共享服务；⑤提供信息素养培育服务；⑥为残疾人、少数民族、信息弱势群体等提供服务。

（六）光州国立亚洲文化殿堂

光州作为韩国历史文化较为悠久的都市，被政府设定为亚洲

---

① 汪静：《Europeana 发展现状及启示》，《数字图书馆论坛》2017 年第 3 期。

文化发展中心目标城市。2015 年在光州建成开放的国立亚洲文化殿堂（Asia Culture Center，ACC）。ACC 是以创作与制作为中心的亚洲文化艺术机构，来自世界各地（主要是亚洲）的参与者可以在"研究—创造—生产"领域内自由地汇聚和分享他们的思想。这样的角色定位，指引 ACC 重点对亚洲文化遗产的多元化创造发展。为了创作并制作崭新的亚洲文化资讯，ACC 不断收集亚洲各国的多样文化资源，通过与各国进行交流并收集资源，积极尝试并创作演出作品，建立了亚洲文化资源库。此外，馆藏收集的文化遗产研究资料和文化资源也在各种活动中被大众传播和欣赏。ACC 近几年在展览、表演、教育、文化节日和其他活动中着重活化亚洲文化遗产资源。在场馆建设上，场地空间分为民主和平交流院、文化创造院、文化信息院、艺术剧场、儿童文化馆、亚洲广场。

除此之外，作为一个综合平台，吸取先前发达国家的经验，ACC 也着重吸引周边城市、周边国家的旅游业资源，定期的大型庆典与旅游业相结合，形成了特色的光州文旅融合。以 ACC 为主体的光州艺术双年展将光州这座历史文化城市打造成为韩国境内文化旅游的核心城市。

同样，桥梁旅游也可以丰富在地的旅游资源。一方面，吸引更多的外来游客，带动当地旅游业的发展，促进当地的经济发展，为当地经济增添新的活力；另一方面，桥梁周围的商业服务也会得到提高，这也有助于拉动当地的经济发展。桥梁游客给当地带来了巨大的经济利益，桥梁游客可以购买当地的美食、手工艺品和其他本地特色产品，从而给当地带来更多的经济收益。此外，桥梁旅游还可以促进当地文化的传播，丰富当地的文化生活，提高当地的旅游景点的知名度，激发当地经济的发展活力。

二 桥旅 GLAM 馆的艺术介入性表现

桥旅 GLAM 馆的艺术介入性主要体现在其公众服务和运营理念上。可以把桥旅 GLAM 馆在公众服务和运营理念上的艺术介入性概括为三个方面：一是进行桥梁文化体验，二是进行桥旅文艺创制，三是注重桥旅艺术兴教。

（一）文化体验

前面 ACC 案例中，管理团队尤其注重策展和艺术活动给 ACC 带来的活力。艺术性的展览和美术展品销售成为动态常规，将文旅融合与文化遗产保护放在同等重要的地位进行平行维度的动态开发，使得 ACC 一直保持着充足的经济活力。其中的文化信息院是集图书馆、博物馆、资源库、电影放映厅、剧场、公共活动室和休息区于一体的新概念文化空间。从本质上讲，文化信息院为游客提供有意义的广泛的亚洲文化体验，使人们可以面对面地接触 ACC 亚洲文化信息院收集和制作的各种亚洲文化资源。除了项目空间与专题项目以外，还有各领域亚洲文化资源。亚洲文化信息院不仅提供丰富的收藏品、资料以及舒适的视听空间与休息区，还通过定期的主题讲座、体验研讨会和影像放映，帮助访客更深入了解亚洲文化。

重庆在打造桥旅 GLAM 馆时，可以重点对桥都文化、桥都历史以及与桥梁相关的具有当代艺术文化价值的文化资源进行整合，开发数字资源的叙事价值，做好桥梁数字艺术的展览、文创、表演等相关的活动策划。可以发扬地域桥梁文化的特色，讲述地方桥梁故事，把桥梁旅游和文化体验融合在一起。

（二）文艺创制

ACC中文化创造院中的创制作中心（ACT Center）旨在创作艺术与科技相融的创新文化资讯。同时，积极为拥有创造性思维的各领域专家，如艺术家、设计师、研究员及工程师等，提供超前的尖端设施与良好环境，促进亚洲乃至全球人才间的知识、技术及经验交流。ACC创制作中心还运营创作实验室、工作室以及高级专属试演等项目。创作实验室内具备数码AV、机械模型等尖端设备，支持所有领域的文化艺术活动。另外，可在R&D实验室利用文化技术（CT），策划更多丰富多彩的文化资讯。与此同时，具备将创作与制作的艺术演出向亚洲乃至世界市场推广流通的体系。亚洲艺术演出行业所面临的重大难题之一为"不具备制作及流通体系"。ACC为解决亚洲市场共同面临的这一难题，构建结合制作与流通的一站式服务体系，与国际知名机构共同出资并确保流通渠道的共同制作方式为全球艺术家提供创作与交流的平台。以亚洲高级专属试演项目等多个领域的文化艺术家为对象，推进高级专属试演项目，同时，设有最多可容纳20多组团队的亚洲创作工作室，为亚洲艺术家提供艺术创作及作品展示的空间。[①]

ACC的创制作中心会对以文化遗产为核心的内容进行艺术性的再创制，通过不同传媒形式的再创作，将文化遗产搬上现代化的舞台，让其走进大众视野。在一体化的制作与流通体系中，保

---

① Kwak Hyohwan, "A Study about Establishing the National Museum of Korean Literature and Plans to Develop the Local Literature—To Establish Art Policy in Order to Overcome the Conflict between the Central and Local Area," *The Journal of Korean Literary Creative Writng*, 2019: 18 (1): 131-155.

证了文化遗产的本真性，同时增加了艺术介入性。以桥梁文化和桥梁艺术作为资源的文艺创制也可以作为 GLAM 馆功能的一部分。

（三）艺术兴教

ACC 设立的儿童文化馆配备有韩国国内最大规模的儿童文化设施，面积达 16439 平方米。设有创意演出、游乐设施以及能够体验亚洲多样文化的各类教育项目。ACC 梦想打造"儿童乐园"，为此，通过儿童资讯开发项目，为国内外儿童文化设施研究、开发及制作各种资讯，并向韩国国内乃至世界各国普及基于亚洲丰富文化资源而策划的一系列文化项目。① 儿童文化馆不仅是良好的文化亲子空间，更是将文化艺术的创作实验搬进儿童创造力研发课堂和儿童娱乐空间，不仅发挥了其展览教育的基本功能，更是通过艺术兴教，不断发挥艺术在儿童生长发育阶段不可或缺的重要作用。艺术审美力在儿童文化馆成为一种由艺术家引导儿童自发形成的创造力氛围。

（四）艺术介入文化资产型 GLAM 的路径

1. 以艺术场景营造空间气质

在复合型文化综合体中，艺术化的空间手法体现在方方面面。ACC 的布展理念并不仅仅局限于特定的展览空间，对于需要机会却没有广泛资金支持的艺术家，ACC 开放了很多公共休闲空间用来展示艺术家们的创作。像在走廊和休闲大厅以及用来周转人流

---

① Mi-Kyung Chang, *A Study of Development of a Model for Constructing a Larchiveum for Libraries of Medium-sized Universities*, Chungnam National University, 2016.

的开放空间到处可见"非常规"小型展览，这些为年轻艺术家提供了微型的展示场和发挥自我创造力的机会。在空间布局上，ACC也并没有局限于绝对的功能分区，用艺术化的思维模糊了分区之间的界限。艺术介入空间的手法主要体现在空间的游行逻辑中，这使得来客能够通过艺术感知力明白自己身处场所的空间气质，换言之，GLAM 场景体验的营造有赖于气氛美学的制造。通过艺术元素模糊空间分区边界—空间气质的艺术化设计—行进路线的艺术化布局—体现文化遗产要素的艺术化装置，对进入 GLAM 的观众进行"情绪感染"和"精神传递"，使其形成一种无意识的审美感知。

2. 以文化资产为主场景的文创聚场

以文化遗产为主要内容基底，在藏品收集、储藏、管理、研究、展示、表演、教育等运营业态上，以文创为切入点，运用GLAM 提供的场景价值和传媒聚合力提升艺术家创制作的动力和活力，并确保艺术家和设计师们获得文化遗产—艺术产品—文创产业一条龙的文创开发服务，合理衔接市场，发挥 GlAM 的艺术市场和文创市场的代理作用。

3. 文化复合业态的边界虚化

GLAM 由于本身是一个复合文件空间，其运营业态也是复合型，这注定了各业态无法独立于空间。运营复合业态的各类综合体往往在空间布局上呈现功能分区混合化的趋势，那么文化复合业态最大的特点就是其边缘虚化。"虚化"也意指一种艺术手法，在这里可以将其称为文化复合业态的管理艺术——"边界虚化"。在本研究中这种虚化指的是刻意不明确各业态的空间范围，按照顾客的文化消费行为习惯来制定复合业态的合作机制，根据人们对文化艺术引发的行为逻辑的时间顺序，设计所必须提供的服务，并且这些服务有别于传统服务业分类。亚洲文化殿堂的案例体现出追踪文化艺术 IP—观览文化空间—体验性行为（休闲、娱乐、社交、餐饮、学习、商务、购物）—空间的文化生产—新公共空间这样一条艺术介入商业复合业态的道路。

据此，在 Megan Winget 教授提出的"Larchiveum"概念基础上，本书提出的"文化遗产型 Larchiveum"可以概括为 GLAM，GLAM 的艺术介入性可以从三个方面进行构筑：藏品管理、空间布局、运营服务。文化遗产型 Larchiveum（GLAM）藏品管理侧重于收集和保存文化遗产，并且将开发价值较高的部分作为文化资源加以利用；空间布局将文化遗产再创作中心作为战略布局的核心；运营管理则更加注重文化遗产再创作的前期平台搭建和后期宣传推广。根据我国国情，可以将桥旅艺术型 GLAM 馆根据桥梁文化和市场需求的不同建设成为三种类型：一是数字资源分享型，二是城市中心商业型，三是桥梁艺术场所型。本书构建的理论模型如图 11-3 所示。

GLAM 的构建可以总结为三轴一体的立体发展模型，这种基于文化遗产保护与传承的 GLAM 可以由三个空间轴组成，分别为藏品管理轴、空间布局轴和运营服务轴。以"Larchiveum"理念为核心，藏品管理轴包括要保存的物质文化遗产和要活化的非物质文化遗产，这些文化遗产内容主要从两个维度进行划分，一个是文化遗产以何种形式馆藏（图书、文件、物品、数据资料等），一个是文化遗产馆藏的程序（收集、保存、录入、分类、修复、管理、展出准备）。空间布局轴分为办公空间、保存空间和公共空间三部分，这三部分空间可以容纳从馆内管理人员到专家学者、文艺创作者再到外部观光游客等各个群体的活动。而运营服务轴则显示了对文化遗产进行价值再创造，包括展示、教育、交流的职能。作

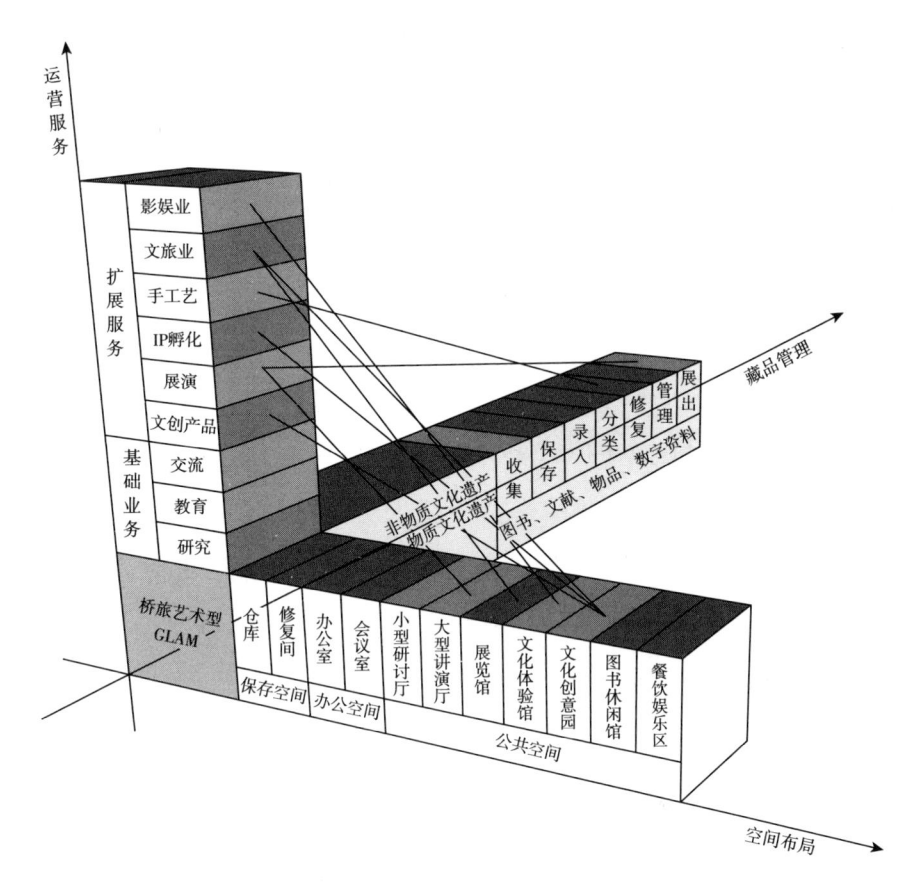

图 11-3　文化遗产型 GLAM 构建模型

资料来源：作者自绘。

为管理方应做好收集、保存、研究、服务文创等工作。前期为文化遗产内容再创作的专家和爱好者提供信息服务，后期为观光客提供文化旅游服务。

GLAM 对于文化原创来说，最重要的是地域文化资源的获取。对于文化创作者来说，能够被便利获取的地域文化信息也是进行原创的灵感来源。[1] 而在文化遗产地或文化遗产集中地带营造

---

[1] 付振宇：《基于地域文化的文创产品创新设计》，《包装工程》2019 年第 20 期。

GLAM 空间（基于文化遗产电子资源的网络中心或基于文化遗产地的实体空间）是有力保护文化遗产的一种方式。它可以对文化遗产进行收集、整理、保存、研究、展示、对外教育等工作，对文化遗产进行及时的保护。等到后续开发完成、市场资本流入后，文化遗产的 IP 价值升高，受众范围增加，市场经济下，自动吸引文旅投资，而 GLAM 空间又可以作为文旅的目的地产生二次价值。

在传统 Larchiveum 模式基础之上，针对文化遗产资源，可以建设三个类型的 GLAM：网络资源线上分享型、城市中心商业型、文化遗产场所型。其中，后两者在地理上形成资源互动，吸引都市人群到文化遗产所在地进行体验。以"线上互联网平台+城市中心商业区—内容创造者介入—文化再创造+IP 打造—大众分享+再创造—IP 文旅—文化遗产所在地"的形式，使不同类型的 GLAM 形成有机整体，在原有的 GLAM 空间中，增加对文化遗产的互动体验空间、文创孵化空间，让受众可以从休闲时光中潜移默化地养成对各种文化遗产的认知、感悟、吸收接纳等内化行为，[①] 再到旅游、体验、互动、传播等外化行为。从文化遗产资源的收集到对公众开放教育，再到为文旅融合提供空间，GLAM 这种一条龙系统的社会服务，可以保证文化遗产在商业化开发和大众传播过程中完整且真实。

桥旅艺术型 GLAM 馆由于其兼具文旅场地和文化机构的属性，其艺术介入性表现在三个方面：以艺术场景营造空间气质、以桥梁文化为主场景的文创聚场以及文化复合业态的边界虚化。基于

[①] 喻建辉：《当代艺术展览的空间与场域问题探析》，《装饰》2019 年第 7 期。

Larchiveum 的文化遗产型 GLAM 馆艺术介入的路径，GlAM 馆的藏品管理应侧重于收集和修复有形文化遗产，并且将开发价值较高的部分作为文化资源加以利用；空间布局应将文化遗产再创作中心作为战略布局的核心，联通复合型文化公共空间与市民休闲，把文旅融合的物理空间一并考虑在内，打造一条龙形态的艺术协同创新与文化休闲服务；运营管理则更加注重非物质文化遗产再创作的前期平台搭建和后期宣传推广。

（五）桥旅艺术型 GLAM 馆的营建策略

旅游的本质其实是营造一种体验，桥旅提供的是一种围绕架高空间进行跨越的体验，伴随这种空间体验而发展的是人类造桥技术的飞跃。因此，桥旅艺术型 GLAM 馆本质上也是提供一种旅行体验，较为不同的是把城市文化空间和桥梁旅游结合起来。这种城市中的文化旅游机构植入桥梁的艺术性，结合科普、技术博览、桥梁文化、空间叙事的一种综合性文化场馆，其中包含 GLAM 馆的复合业态和多重功能属性在空间中的视觉呈现，主要包含一些视觉形态的基本要素：空间构成中的点、线、面、型、材、质。它与桥梁设计有着本质区别。桥梁艺术设计讨论得更多的是桥梁本身的美感和空间体验。而桥梁艺术型 GLAM 馆自身的文化属性决定了其空间体验的美学更接近于城市综合文化场馆的体验。前文提到桥旅艺术型 GLAM 馆可以分为数字资源分享型、城市中心商业型和桥梁艺术场所型。

1. 数字资源分享型

数字资源分享型桥旅艺术 GLAM 是为了顺应当下文化产业数字化的发展浪潮，尤其是"元宇宙"热潮带来的人们对于文化消费方式的改变。① 因此，桥旅的未来也应该抓住数字经济带来的发展契机，开展桥旅艺术的数字周边。艺术品的数字化和数字文创等技术正在以新的面貌迎接数字虚拟世界的到来。人们使用网络的时间已经占据了生活很大的比重，未来的桥梁艺术也应该拥有数字化的蓝海。元宇宙基建是一种以宇宙级规模为目标，以建设新的宇宙秩序为基础的技术构想。这种构想旨在通过操纵宇宙的基本结构，实现宇宙的跨时代发展。元宇宙基建的主要内容包括宇宙尺度的能源转换、宇宙尺度的物质传输、宇宙尺度的空间控制等。元宇宙基建中的桥梁艺术应该结合文化传统以及改善环境与社会发展的需求，考虑流线型的设计，以满足结构美观的要求，并采用概念化的材料和丰富的形式语言。传统上，桥梁在虚拟空间中可以用来模拟真实环境中的桥梁结构，并用于结构性能分析、优化设计，模拟桥梁构建过程中的各种参数变化情况和不同环境条件下桥梁的受力状况，以及模拟施工过程中桥梁结构的变形、应力分布及滞回性能等。而在元宇宙的未来视野里，桥梁可以纯粹地作为艺术而存在，那么桥梁旅游看起来就会更加具有想象力，它的功能和形式感可能会被重新定义。

桥旅艺术数字化主要有三种路径可以实现。一是以桥旅历史

---

① 2021年，脸书创始人扎克伯格把公司名字Facebook改为Meta Platforms，并称之为元宇宙，瞬间引爆了全世界舆论的燃点，有人甚至称2021年为元宇宙元年。"元宇宙"包括所有虚拟现实、增强现实以及与互联网的结合，是强化的物理性现实与物理性持续的虚拟空间的结合而被创造出的群体性虚拟共享空间。元宇宙可以广泛存在于许多领域，其概念之所以一经提出就能引起社会各界的关注，其深层次原因在于前期互联网技术已经完成了积累，从旅游、艺术、企业、商业、教学、培训、社交到游戏都可以互联，这种潜在的广泛应用场景为元宇宙的野蛮想象提供了广阔的发展空间。

文化和桥梁艺术为主题的二维数字化产品，可以将桥旅的地域文化属性和桥梁构造艺术相结合，进行二维的文创开发，主打以视觉体验为主的数字化文创。二是以桥旅实体空间为主题的三维虚拟空间营建，可以打造"线上桥旅"项目，通过多元化的虚拟视角，开拓桥梁的"元宇宙"之旅。与实体空间旅游最大的不同在于，这种基于数字技术营建的虚拟桥旅空间，可以给受众以更加奇幻的感受，通过虚拟现实或者增强现实的创作，能够开启受众对于桥旅的新体验。三是可以把桥旅的时空艺术数字化，在三维立体空间中加入时间、剧情等创作要素，进行再加工，以突出表现桥旅的时空感、虚拟体验感，将桥旅作为主题，进行数字多媒体融合设计。

2. 城市中心商业型

城市中心地段的商业综合体往往也被作为旅游活动的目的地之一，它和桥旅并不能直接地产生联系，但是往往一个城市的旅游业态的良好发展离不开城市中心商业体的支撑。购物休闲和文化娱乐也必然是旅游活动环节的重要支撑项，因此，在城市中心以商业经营目的为主的桥旅艺术 GLAM 馆是必要的。但是由于物联网技术的发展和配送服务链的成熟，商业综合体纷纷朝着体验经济的方向发展，越来越多的商业中心从提供线下购买向提供线下服务体验转变。桥旅作为一种新型的旅游方式从一开始就面临着与传统旅游业不同的形势，再加上其独特的空间类型和地理结构，要想打造合理的城市中心商业型桥旅 GLAM 馆，绝非简单的商业布局和业态活化那么简单。

可以从产业转型和升级的角度考量，将桥旅艺术型 GLAM 馆的文化零售和文化体验服务作为主要的经营方向，再加上与城市中心的其他商业体联合打造，引领文化风潮，推广桥梁文化，形成以桥旅艺术为核心的综合性文化场所。通过加入科普教育、文艺会演和文化娱乐等活动策划，动态盘活各业态。

3. 桥梁艺术场所型

不同于数字资源分享型和城市中心商业型的其他场所型，桥梁艺术场所型 GLAM 馆更强调就地打造与在场性。可以理解为，桥梁主体的在场和艺术氛围的营造共同作为旅游体验的主要支撑。在桥梁周边景观的规划和设计中，需要整体考量桥旅景观的风貌特点，还需要与城市的整体规划相协调。营造的重点是桥旅交通的畅联和空间体验的丰富层次，不同景观节点所产生的事件与空间的关系不同，不同空间秩序下所能够体验的事件秩序也不同，如此使得桥旅艺术能够呈现人的行为与空间的交互，桥旅艺术的体验更加具有真实感。

（六）城市维度提升策略

2020 年 12 月 9 日，重庆市规划和自然资源局公开发布了《重庆市中心城区长江文化艺术湾区控制性详细规划》，其中包括区位图和用地布局规划图。长江文化艺术湾区位于大渡口区和九龙坡区之间的长江北岸，包含钓鱼嘴半岛、茄子溪片区、老重钢片区和九龙半岛四个部分，岸线长约 25 公里，总面积约 26.6 平方公里。其中，钓鱼嘴半岛三面临江，江岸线 8 公里，总面积近 8 平方公里，形如"长江之舌"。按照《长江文化艺术湾区城市设计及控规修编方案》，钓鱼嘴半岛将围绕 6 个重大功能性项目，沿半岛环路形成环绕式"音乐+"产业布局，以"音乐+文创、文旅、科技"为主要功能，打造国家级音乐产业基地。[1]

---

[1]《重庆规划布局四大湾区，长江文化艺术湾区控制性详细规划出炉》，搜狐网，https://m.sohu.com/a/438338639_120214174/。

当前，重庆正积极推进"两江四岸"治理提升工程，在中心城区规划布局了四大湾区：两江交汇历史人文湾区、长江生态文明湾区、嘉陵江智能创新湾区和长江文化艺术湾区。2022年3月1日，重庆市九龙坡区召开2022年招商投资促进工作大会。会议发布了《九龙坡区关于进一步加强和改进新形势下招商投资促进工作的意见》《九龙坡区产业招商和投资引导重点方向工作指南》等一系列文件，围绕实施"四轮驱动"战略，细化明确了西部（重庆）科学城九龙坡片区、九龙美术半岛、九龙新商圈、高铁临港经济区四个战略区块的基础优势、重点片区及招商方向和招商目标企业，合理规划布局区域产业集群，推进资源要素精准向优质资源配置，提高产业链、供应链、价值链的稳定性和现代化水平。重庆黄桷坪山城步道位于九龙坡区长江文化艺术湾区九龙半岛，长约4公里，包含"一主三支"（1条主线和3条便民步道支线）。它把散落的历史文化景观资源"串珠成链"，形成集当代艺术、市井生活、工业遗迹于一体的特色步道，以演绎城市年轮、传承城市人文、方便市民出行、丰富市民生活为出发点，着力打造极具九龙坡区特色的标杆街巷步道。

而这些依托"两江四岸"的湾区规划，都在桥旅中承载了不小的分量。其本身的地理位置紧邻长江和嘉陵江，区位视野直面江景，毗邻江上的多座桥梁，一定程度上和桥旅互为景观的支撑。在城市规划的层面考量桥梁艺术场所型GLAM馆的营造，可以利用城市更新的契机，在需要更新的地块上灵活插入GLAM板块，形成碎片化和街道感的桥旅艺术，并和长江文化艺术湾区这样的新规划方案相结合，活化城市桥旅艺术。

1. 提高城市的桥旅品牌形象

建立城市文旅品牌，丰富城市的文化底蕴，提升城市的文化艺术氛围，打造旅游文化空间，提升城市的文旅品牌形象。桥梁旅游品牌和城市品牌之间的关系是密不可分的。桥梁旅游品牌可以为城市品牌提供更大的国际视野和更多的多样性，从而帮助城市品牌更好地把握本土文化和传统的本土特色，提升城市旅游的知名度和吸引力。桥梁旅游品牌也可以帮助城市实现全球影响力，促进城市旅游业发展。

可以采用提供独特的服务、建立品牌标识、推出具有地域性的产品等方式，让消费者记住一个城市的文旅品牌，从而增强品牌的影响力；而要建立以桥梁空间艺术体验为主题的文旅品牌，要有一个创造性的策划方案，即将桥梁空间艺术体验与文旅结合起来，创造出独特的文化旅游体验；建立桥梁空间艺术体验文旅品牌，需要从桥梁艺术体验的设计和布局开始，确定桥梁空间的结构、艺术元素、色彩和形态等；桥梁空间艺术体验的文旅品牌应该以它的独特性，以及桥梁空间提供的丰富的空间感受为主，为游客提供舒适、安全、惊喜的艺术体验；为了更好地实现桥梁空间艺术体验文旅品牌的整体营销，可以利用社交媒体平台，结合线下活动，展示品牌形象，并通过网络渠道推广，吸引更多游客。

2. 完善公共服务设施

建设景观、建筑、道路、桥梁、绿化等公共设施，以便游客更加舒适安全地游玩。公共服务设施与城市品牌的关系是十分密切的。公共服务设施是城市品牌的重要组成部分，可以为城市品牌提供实质性的增值服务，提升城市形象，带动经济发展。公共服务设施可以改善城市的质量，提升城市的知名度，增强城市的竞争力。公共服务设施的发展有助于城市品牌的构建，提高城市的投资价值，促进城市的可持续发展。桥梁可以通过设计、建筑和艺术的结合，成为城市的视觉中心，将城市的历史、文化和艺术融入其中。桥梁可以使用不同的材料和设计，比如抛光的金属、绘画和雕刻，使之成为一个独特的艺术品，在城市中创造出充满活力的氛围，也可以像观赏艺术品一样寻找最佳的观赏点位等。

3. 开发桥旅资源

积极开发文旅资源，打造独具特色的桥旅景观，如传统民居、古建筑、文物遗址等，使城市拥有更多的桥旅资源。可以将桥梁所在的地区划分为桥游景区，并建立桥游巡礼线路，结合古建筑、文物遗址等具有旅游资源属性的空间，形成有价值的桥旅资源。可以加强桥梁环境保护，采取多种方式，改善桥梁周围的景观，并结合古建筑、文物遗址等具有旅游资源属性的空间，形成有价值的桥旅资源。可以利用桥梁的历史文化背景，把与其有关的古建筑、文物遗址等具有旅游资源属性的空间进行综合整合，形成有价值的桥旅资源。

桥旅资源包括宣传片、主题游览、文化研学、桥梁体验、展览展示、音乐剧、桥梁艺术展等。这些活动可以与城市民居、古建筑遗址结合起来，提供体验式桥旅活动，让游客更加深入地了解桥梁文化。同时，可以通过建立桥梁文化与民居、古建筑遗址的对接，将桥梁文化融入城市文化，丰富城市文化氛围，提升城市的文化魅力。桥梁旅游可以与文艺活动相结合，比如在桥梁旅游景点举办文艺演出和文艺比赛、设置文艺装置等，让游客体验文艺的乐趣，丰富桥梁旅游的内涵。此外，通过举办文艺活动，也可以吸引更多的游客前来参观，从而增加桥梁旅游的知名度和美誉度。

通过推出精品文旅项目来吸引更多游客，让游客更容易记住某个城市或某个项目，从而提升品牌的知名度；为了推出精品桥梁旅游项目,可以开展宣传活动,借助新媒体平台,通过宣传片、宣传文章、报纸和广播等方式宣传桥都的旅游资源;构建桥都旅游网络,搭建桥梁旅游统一官方网站,及时发布桥都旅游资讯;利用媒体资源,建立旅游伙伴关系,以提升桥都的知名度;根据桥都旅游的特色资源,开发新的旅游产品,以扩大桥都旅游市场;定期开展桥都旅游活动,包括桥都景点、桥都文化等旅游活动,以增加桥都的游客数量;设计桥都旅游线路,为游客提供便捷、安全的旅游计划;建立桥都旅游社区,实现桥都旅游产品营销,提升桥都旅游的知名度和影响力。

首先桥旅宣传片制作中可以体现关于桥旅艺术的背景介绍,以便向受众展示桥旅艺术的内涵和历史渊源。可以编写一份宣传片脚本,介绍桥旅艺术的特点,以及如何参与其中。其次,拍摄宣传片,使用航拍等大视野的画面,在剪辑中利用精彩的画面和音乐来展示桥旅艺术的魅力。最后,可以将宣传片发布到社交媒体上,以吸引更多观众参与。

可以通过各种营销渠道,如网络营销、报纸广告等,来宣传城市的文旅产品,从而提高文旅品牌的知名度;建立城市桥梁旅游品牌的网络宣传渠道,利用社交媒体、新闻网站、博客等渠道,建立城市桥梁旅游品牌的网络宣传平台,及时发布有关活动信息,提升品牌知名度;利用多种行业媒介,如报纸、电台、电视等,进行有效的宣传推广,提高城市桥梁旅游品牌的知名度和影响力;组织品牌宣传活动,例如旅游摄影大赛、桥梁文化节、桥梁知识竞赛等,通过有形的活动,宣传城市桥梁旅游品牌,提高游客的知晓度和参与度;与影视明星、网红等合作,利用合作伙伴的影响力,把城市桥梁旅游品牌推向更多游客;开展网上活动,利用网站、微信、微博、QQ等社交媒体,开展有形的社交活动,让更多游客了解、关注城市桥梁旅游品牌，获得更大的关注度和宣传效果。

4. 发展桥旅产业

积极发展桥梁文化产业，支持桥旅企业的发展，鼓励桥旅企业的创新，建立桥旅产业的投融资体系，推动桥旅产业的可持续发展。可以通过构建一个以桥梁旅游艺术为核心的景区，为游客提供精彩的旅游体验，以及举办桥梁文化和艺术的相关展览、艺术表演等活动，以提高游客的游览体验，增加桥梁旅游艺术的价值，从而实现桥梁旅游艺术的产业化。鼓励桥旅产业创新发展，可以通过建立支持桥旅产业创新发展的政策环境，如放宽市场准入、改善营商环境、支持投资者进入桥旅产业；可以建立政府和桥旅企业的合作关系，加大政府对桥旅产业创新发展的投入，支持企业发展；可以加大桥旅产业各项投入，加强技术人才培养，提升桥旅产业的技术创新能力；可以加大政府对桥旅产业创新发展的支持力度，如改善产业环境、支持企业融资和研发，促进企业发展；可以建立桥旅产业的科技创新平台，支持桥旅产业的技术研发，促进桥旅产业的创新发展。

为桥梁旅游产业提供优惠政策，如减税、免税，以及完善工作机制等，为桥梁旅游产业的发展提供支持。政府应加强桥梁旅游产业的政策指导，给予合理的税收优惠、减税或免税等，以有效鼓励桥梁旅游企业的发展。同时，完善工作机制，为企业营造良好的发展环境，支持科技创新和技术升级，推动桥梁旅游产业技术创新发展，提高桥梁旅游产业的经济效益；建立完善的桥梁旅游产业体系，加强桥梁旅游产业的信息管理，建立完善的桥梁旅游产业信息系统，加强对桥梁旅游产业的监管，确保桥梁旅游产业安全经营。此外，政府还可以采取措施，鼓励桥梁旅游企业经营模式创新，为桥梁旅游产业的发展提供更多的可能性。加强桥梁旅游产业的市场营销，加大宣传力度，从而提高桥梁旅游产业的知名度，促进桥梁旅游产业的发展。可以通过网络和社交媒体等渠道进行宣传活动，吸引更多游客赴桥梁旅游，从而促进桥梁旅游产业的发展。

桥梁主题游览的组织也可以按照以下方式展开。首先，确定活动宗旨：通过桥梁主题游览活动，让更多的人了解桥梁的历史与建筑，让参与者体验到桥梁的不同文化和环境，从而提升城市文化素养。其次，确定活动内容：针对不同年龄层次的参与者，组织不同主题的桥梁游览；开展桥梁文化和历史知识的宣讲，并结合实际桥梁建筑进行解说；鼓励参与者参与桥梁建筑设计比赛，增强参与者对桥梁建筑设计的认知；组织桥梁主题相关活动，让参与者体验桥梁文化；开展桥梁结构和安全检查，让参与者了解安全防范的重要性。最后，组织活动实施：确定实施人员，包括组织工作的策划人员、技术支持人员、讲解员、安全检查人员、活动组织人员、景区服务人员等；安排活动流程，包括签到、参观桥梁、讲解和体验、安全检查、结束；活动报名，可以通过线上平台发布活动信息，收集参与者信息；活动安排，可以根据参与者年龄层次和桥梁主题，安排不同的活动流程；活动结束时发起活动评价，发放参与者评价表，收集参与者意见及建议。重庆的桥梁旅游景点规划安排既要考虑到桥梁景点的特色、桥梁最佳观赏的位置、景点的距离等因素，还要考虑旅游体验及旅游路线的安排。在规划旅游路线时，应尽量避开旅游高峰期，利用节假日，减少游客的拥挤。桥上空间体验可能会涉及与车辆交通的交叉问题，应当注意同行安全问题。同时，应考虑路线的花费以及游客的安全、舒适程度等因素，尽量安排合理的旅游路线。

另外，可以通过建立桥旅电商平台，来推广城市的桥旅产品，让更多的游客可以购买城市的文旅产品，从而提高文旅品牌的影响力。确定商业模式，包括商品类型、销售渠道、定价策略、付款方式等；为桥旅电子商务平台准备一个商业网站，包括域名注册、Web服务器租用、网站设计和开发等；实现旅行电子商务平台的基本商业功能，包括商品展示、购物车、订单处理、积分系统、支付处理、配送管理等；推广平台，包括社交媒体推广、搜索引擎优化等；客户服务，包括售前咨询、售后服务等。

5. 政策支持

以有效发展为目标，桥梁旅游产业需要多重政策支持。

一是资金扶持。桥梁旅游产业需要政府资金支持，政府可以通过财政扶持、补贴等方式，向桥梁旅游产业投入资金，以改善桥梁旅游环境，完善景区基础设施，提升景区景观质量，扩大桥梁旅游产业发展规模。桥旅产业资金的其他来源还主要有政府投资、投资者投资、银行贷款、政府补贴等。

二是艺术市场开放政策。为了促进桥梁旅游产业的发展，政府可以通过放宽桥梁旅游市场的准入门槛、降低投资门槛、放宽桥梁旅游企业的经营范围、引入外资等方式，拓宽桥梁旅游产业的发展空间。建立完善的桥梁旅游市场管理机制，明确市场的开放权限、监管规定和细则；建立完善的竞争机制，以保证市场公平，鼓励优秀桥梁旅游服务提供者参与竞争；建立一套完备的安全机制，确保桥梁旅游市场的安全性；建立完善的监督检查制度，对违规行为进行规范；开展对桥梁旅游市场的宣传教育，提高游客的安全意识和责任意识；定期开展桥梁旅游市场的信息公示，明确市场参与者的权益。

三是技术政策支持。通过技术支持，可以提高桥梁旅游产业的管理水平，促进桥梁旅游资源的合理开发利用，提升桥梁旅游产品的质量，实现桥梁旅游产业的可持续发展。桥梁旅游产业需要安全技术、信息技术、智能系统技术等的支持。安全技术可以保证游客的安全，包括桥梁结构的安全性以及桥梁行车的安全性。信息技术可以支持桥梁旅游的信息服务，包括桥梁旅游景点及其周边环境的信息服务。智能系统技术可以支持桥梁旅游的自动化管理，包括桥梁旅游景点的自动化监测、自动化控制等。应加大技术支持力度，积极推进信息化建设，完善桥梁旅游产业的技术体系，为桥梁旅游企业提供全方位的技术支持，促进桥梁旅游产业的发展。

四是人力资源支持。可以通过投入资金和人力资源，为桥梁旅游产业提供更多的人才和技术支持，改善桥梁旅游产业的人力资源配置，吸引更多的投资者参与桥梁旅游产业的发展。实施有效的人力资源管理政策，以改善桥梁旅游产业的人力资源配置；制定适当的招聘流程，加强招聘、培训和考核，以确保桥梁旅游产业的人力资源能够满足需求；结合现有的人力资源，提升桥梁旅游产业的技术水平，提高服务质量；建立合理的人力资源培训机制，不断提高职工的素质，提高生产效率。

总而言之，建立文旅品牌可以增强消费者对某一城市文旅品牌的认知，推出精品文旅项目可以为游客提供更多的选择，积极营销可以让更多人知道城市文旅品牌，而建立文旅电商平台则可以让更多游客购买城市的文旅产品，从而提高文旅品牌的影响力。再加上良性的政策助推，可以促进桥旅朝着产业化方向积极发展。

第十二章　桥旅艺术视角下的城市景观系统弹性

一　城市景观系统扩容城市弹性

在西方学者最早提出"城市弹性"的概念时，学术界的讨论大多停留在生态领域，主要研究城市对地震、海啸、火山喷发等大型自然灾害的应对上。随着城市设计领域研究的深入，其内涵有了更为深刻的扩展，其适用灾难类型的范围也慢慢延伸到社会、经济、文化等各个领域，如大气污染、传染病、恐怖袭击、紧急性物资和能源供应中断、大型交通事故、情报系统崩溃、恶性杀害事件等。"城市弹性"一词主要是针对城市应对灾难的脆弱性而言的，包括前文所述各种自然灾害和人为灾害等突发性冲击事件，也被日本学者定义为城市在遭受巨大冲击时灵活的恢复能力。具体来讲，城市弹性是一种能够快速地使暂时失去平衡的城市系统恢复到平衡状态的"复原能力"或"恢复能力"，是保证城市可持续发展的重要前提。①

二　城市景观系统的弹性

根据景观城市主义理论的观点，景观是一个城市整体构成中

---

① 〔日〕林良嗣、铃木康弘：《城市弹性与地域重建》，陆化普、陆洋译，清华大学出版社，2016。

的一部分，城市景观是由建筑物、街道、基础设施以及绿色植物和开放空间组成的综合体。① 然而，城市设计理论到今天已经从生态规划发展到城市景观主义，再到如今探讨城市弹性，是把城市看成一个由众多系统相互联系的有机体，深层次分析的话，塑造城市里能够迅速互相关联有机体的最主要因素是人，因此，城市景观主义也意识到不能仅强调自然生态，还应该加入人和社会的影响因素，应该关注整体人类的生态系统，可以归结为自然生态系统和社会生态系统两重关系，主要反映城市中人与自然、人与社会的关系。20世纪90年代吸取现代主义价值观和思想来定义城市景观，开始重视受众体验，即城市中人与自身的关系，这种建立在自然生态和社会生态系统之上的生态系统又称为精神生态。② 由此可以将城市景观总结为一种反映自然生态、社会生态和精神生态的一种生态系统，本研究称为城市景观系统（见图12-1）。

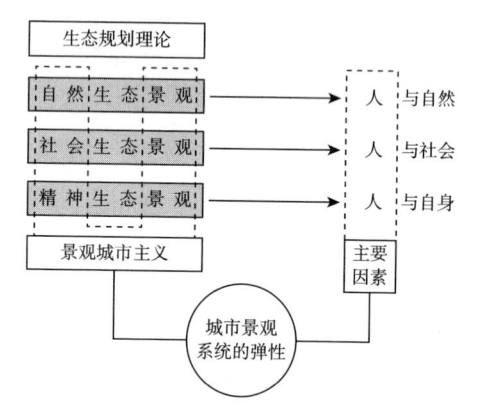

图 12-1 城市景观系统弹性的内涵

资料来源：作者自绘。

---

① 杨赉：《从生态规划到景观城市主义》，《城市发展研究》2009年第16期。
② 鲁枢元：《生态批评的空间》，华东师范大学出版社，2006。

结合西方学者和日韩学者对城市弹性的叙述，以及中国学者对景观城市主义的发展研究，可将弹性的含义引申到城市景观系统进行定义。概括而言，城市景观系统的弹性指的是，因面对各种自然或人为灾害而暂时失去平衡的自然生态系统、社会生态系统和精神生态系统能够在短时期内恢复到平衡状态的"复原能力"或"恢复能力"，是保证城市可持续发展的重要组成部分。

三 城市景观系统可能面对的冲击与压力

（一）自然生态系统破坏性灾难

World Bank Group（WBG）于2017年出版的报告书中将城市弹性系统应对的自然灾难类型主要分为地球物理学的、水文学的、气象学的、气候学的、生物学的以及外星球的六类。[1] 韩国国立灾难安全研究院（National Disaster Management Research Institute）将自然灾难概括分为气象学类型和地形学类型两大类。[2] 无论是西方学者还是东方学者在自然灾害的类型上存在共识，可以总结为由气象或地质等非直接人为因素引发的具有较强破坏性的灾害类型，具体包括地震、山崩、台风、海啸、洪涝、泥石流、雪崩等，这些都是能够对城市景观系统产生直接破坏性的灾难。

（二）社会生态系统失衡性冲击

社会生态系统失衡必将伴随经济、政治、社会、文化等多个组

---

[1] World Bank Group, 2017. *Crisis Response and Resilience to Systemic Shocks: Lessens from IEG Evaluations*. The World Bank Publications.

[2] 국립재난안전연구원, 재난안전교육체계 정립을 위한 재난유형 분류 및 표 준화, 2015: 12-15.

成部分的冲击与变化。经济合作与发展组织（OECD）2016 年的城市弹性报告书里提及社会性的冲击与变化主要包括产业结构变化、新投资战略实施、国际经济危机、人口大规模流动、人口老龄化加速、暴乱和恐怖主义、发动大规模战争、能源物资供应中断、基础设施老化、严重交通事故、执政变革和政策不连续性等不同严重等级的类型。[1] 韩国国立安全研究院对社会性灾难类型的划分与 OECD 的划分标准相比多增加了一项关于保健安全的提案，而这项与公众健康密切相关的类型里，包括了医疗事故、传染病、家族传染病、食品安全事故等几大类，笔者认为这其中包括病毒标本泄漏、传染病大规模扩散、农副产品等大规模食物中毒等事故。

（三）精神生态系统联动性紊乱

整个城市的精神氛围也构成城市景观的一部分，在面对一些不可控和充满未知的灾难面前，群众性情绪经常可以很容易地通过传媒渠道被鼓舞、煽动或控制，到了城市景观的视域下，可以表现为一种被渲染出的城市意象或者景观图景。它是由人自身通过各种媒介（图片、文字、声音等）主动进行感性加工，呈现在自我心理层面和大众视野层面的城市景观。具象的形成渠道可以反映在以城市景观为基础的新闻报道、电影作品、文学创作、艺术创意产业等方面。

四 基于 100RC 的研究成果 CRF/CRI 系统

由 100 个城市组织发起的城市弹性促进计划（100 Resilient Cities，100RC），在 6 年的运营活动之后，于 2019 年 7 月 31 日结束。2019 年

---

[1] OECD, *Resilient Cities*, *Preliminary Version*, 2016, pp. 88–89.

7月8日，洛克菲勒基金会宣布了800万美元的承诺，将继续支持参与100RC成员城市的工作。① 100RC 在"弹性城市计划"中，通过实地调研众多案例，根据每个参与城市的各自特性以及不同的城市恢复弹性的方式等，为了明晰城市复杂性和弹性影响的要因，开发了赋予弹性城市多元化的范畴和构架的 CRF（City Resilience Framework）系统。随着100RC 研究的深入，随后又在 CRF 的基础之上研究出细化指标 CRI（City Resilience Index），这套指标用于测定各个城市弹性的现状和进行状况，共分为4个维度、12个上位指标和52个下位指标。为了相较于 WBG 和 OECD 的指标系统，把公共健康和生存安全单独列为一个评定维度（见表12-1）。②

表12-1 基于100RC-CRF/CRI 的城市弹性评估系统

4个维度	12个上位指标	52个下位指标
公众健康和生存安全（Health & Wellbeing）	人类脆弱性最小化	1.1 安全且便宜的住宅
		1.2 价格合理和实用经济的能源供应
		1.3 安全且具有包容性的饮用水
		1.4 有效的公共卫生
		1.5 充足且低价的粮食供给
	多样化的生计手段和雇佣	2.1 具有包容性的劳动政策
		2.2 相关技术发展和培训
		2.3 动态的地区商业开发和革新
		2.4 具有援助力的金融结构
		2.5 对灾后生计手段多样化的保护
	公众健康和生活有效保障	3.1 完善的公共保健系统
		3.2 合理推进优质的医疗服务
		3.3 应急医疗
		3.4 有效的疫情应急系统

---

① 100RC, *Cities Taking Actions*, 100 2017：65.
② 김정곤 외, 리질리언스 도시재생 모델에 관한 연구.토지주택연구원, 2016：64.

续表

4个维度	12个上位指标	52个下位指标
经济和社会（Economy & Society）	集体认同和社区支援	4.1 地方社区支援
		4.2 具有凝聚力的社区
		4.3 对城市文化强烈的认同
		4.4 市民的积极参与
	综合性的安保和法制	5.1 有效的犯罪预防系统
		5.2 贪污腐败的事前预防
		5.3 管辖区内治安维持力
		5.4 相关的刑事和民事司法制度
	可持续的经济发展	6.1 公共财政的良性管理
		6.2 商业规划的综合性和可持续性
		6.3 经济基础的多样性
		6.4 具有魅力的商业环境
		6.5 与区域经济和世界经济的联合
基本设施和环境（Infrastructure & Environment）	减少物理性的被害可能	7.1 综合性危害因素的公开披露
		7.2 合理的标准、矫正和执行
		7.3 通过有效管理保护生态系统
		7.4 坚固的保护性基础设施
	有效提供重要服务	8.1 保护生态系统的有效管理
		8.2 灵活可变的基础设施服务
		8.3 维持各存储的预备量
		8.4 勤勉管理的持续维护
		8.5 重要公共资产和服务的持续性
	可信赖的通信和交通手段	9.1 多样化和价格低廉的大众交通网
		9.2 有效的交通运营和持续管理
		9.3 可信赖的通信技术
		9.4 安全的技术网络
领导力和战略（Leadership & Strategy）	有效的领导力和管理	10.1 合理的政府理事决策
		10.2 相关政府机关有效及时的调整
		10.3 和众多利害关系者的能动性协作
		10.4 综合性危害要因消费者监督制度
		10.5 具有包容性的政府紧急事态管理
	利害关系者的权限	11.1 为了所有市民的公共教育普及
		11.2 广泛传播的共同体意识和忧患准备性
		11.3 有效的政府决策公众参与机制

续表

4个维度	12个上位指标	52个下位指标
领导力和战略 （Leadership & Strategy）	综合的发展计划	12.1 综合性的城市检测数据分析 12.2 多方协力的城市规划过程 12.3 合理的土地利用和划分 12.4 牢固的计划批准程序

资料来源：정은주 외, 도시의 지속가능성과 리질리언스에 관한 연구 한국지역, 개발학회지, 2016, 28（4）: 69。

在2014年4月发表的 *City Resilience Framework*（线上发表于2015年12月）报告中，提出提高城市弹性的7个重要表现——灵活性（Flexible）、余留性（Redundant）、强健性（Robust）、资源融通性（Resourceful）、反射性（Reflective）、包容性（Inclusive）、综合性（Integrated）。2018年韩国高丽大学丁允男博士将CRF的7个属性的概念和范畴做了细化（见表12-2）。

表12-2　基于CRF的7个属性概念和范畴

概念	范畴
灵活性	系统要适应变化的环境，并能自我良性进化。这种可能提高基础设施和生态系统管理分散化和模块化的做法，还可以根据需要考虑和利用新的知识和技术来实现
余留性	为了满足应对激增的干扰和极端压力，必须有意识地节约系统内产生的能力，以确保节余。此外，亦指满足特定需求和特定功能而提供的多样性资源，例如，包含可迅速分散的基础设施网络或资源储量。余留性在城市总体规模中应作为优先事项加以处理，并应具有针对性和重视成本效益
强健性	通过计划、构建、管理成功的物理性资产，使其不受危险事件的影响而遭受严重功能损伤或损失的能力。因此，预测潜在城市系统崩溃因素，预先制订单向对资源的过分依赖导致的致命性崩溃应对计划

续表

概念	范畴
资源融通性	迅速寻找替代办法的能力，以便在个人或组织受到冲击或压力期间达到或满足回弹的目的。比如，调整和调动人力及物质资源、财政资源等，预测未来需求、设定优先次序，从而具备应对能力。因此，资源融通性可视为弹性城市在严重制约条件下恢复潜在重要系统功能的关键组成部分
反射性	承认如今持续增加的不确定性和变化。需要不断进化的动态机制，强调不是以目前状况为基础寻找永久性解决办法，而是以新出现的现象为基础修订标准或规范。个人和组织从过去的经验中系统地学习，将学习成果直接作用于未来决策的能力
包容性	强调包括弱势群体在内的社区参与和广泛协商的必要性，是与某一个特定部门、区域或社区独自直面冲击或压力的情况相反的概念，包容性是具有共同主人翁意识或为构建城市环境的共同愿景作出贡献的构成要素
综合性	城市系统之间的整合和支持，能够促进决策的一致性。不同类型的投入都可能对同一目标结果有益。城市系统之间的信息交换，在全城范围内通过简短的反馈循环，使各要素能够统一地发挥作用，迅速做出反应

资料来源：Jeong Yunnam, *Establishing a Conceptual Model for Urban Resilience：Focusing on the Importance and Role of Urban Potential and Social Capacity*，2018：59-61。

五 城市景观系统弹性模型

CRF/CRI 系统中公共健康和生存安全的维度放在目标层面，而经济和社会维度、基本设施和环境、领导力和战略三个维度相应调整为协调状态配合主目标，以及 7 个属性对应公共健康和生存安全维度的相关关系吻合进城市景观系统，可以得到城市景观系统弹性的钻石模型（见图 12-2）。

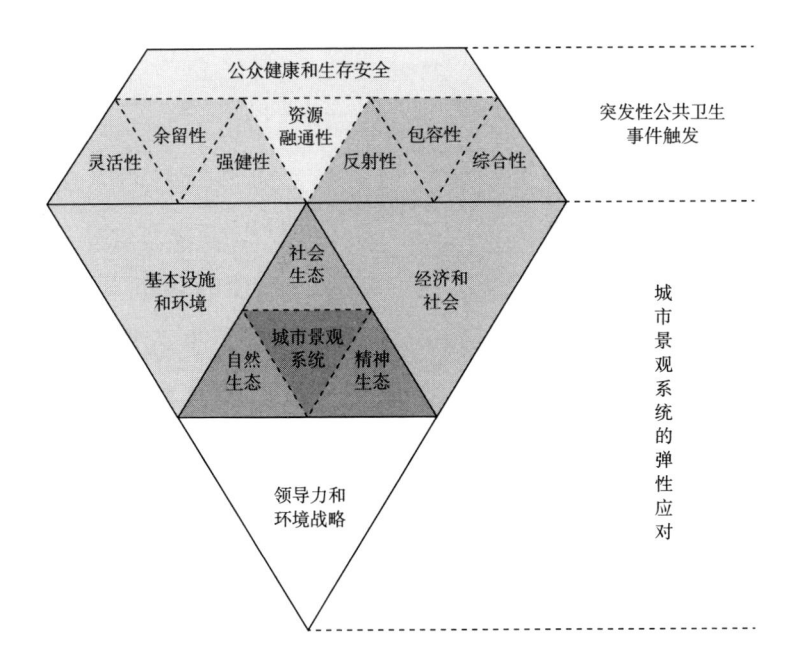

图 12-2　城市景观系统弹性钻石结构模型

资料来源：作者自绘。

如图 12-2 所示，城市景观系统中的社会生态与自然生态对应 CRF/CRI 系统中的基本设施和环境维度，社会生态和精神生态对应经济和社会维度，自然生态和精神生态又与领导力和环境战略息息相关。而在模型中 7 个属性中灵活性、余留性和强健性 3 个属性可以描述基本设施和环境维度的弹性，经济和社会维度则应该具有反射性、包容性和综合性，从而形成两个内嵌的双钻石模型。

六　桥旅艺术视角下提升景观城市弹性的对策

（一）桥旅艺术着自然生态景观为城市之衣

为保持桥旅艺术城市景观的灵活性、余留性和强健性，需要尽可能地提高城市绿色空间的生物多样性，同时避免城市景观的自然生态系统同质化或单一化，也将使城市土地和资源得到广泛类型的使用。

为了城市中的各类生物与人类能够和谐共存，需要形成丰富多元的城市自然景观。不只是植物景观，动物与人的关系也能成为城市的主要动态景观，尤其是人类对待野生动物的态度。

自然生态系统的适度模块化。在具备弹性的城市景观系统中，绿色公共空间的模块化可以防止一个构成要素非必要情况下与其余所有构成要素联系在一起。过度连接的系统易受到冲击，一旦城市受到冲击会迅速传播到整个系统，比如澳大利亚2019年发生的山火。因此，城市也需要保持和创造某种程度的模块化，以确保城市景观系统的弹性。

（二）桥旅艺术养社会生态景观为城市之血

应把政策重点放在影响弹性临界点慢变量的预估上。对于灾难预估研究模型不能只把焦点放在急性变化的影响因子上，社会生态系统形成的重要慢性变化因素也会影响接近城市弹性临界点的速度。因此，需要寻找重要的慢变量和这些慢变量之间存在的关联，城市就可以在突发性卫生事件发生时，更好地重置受到损坏的社会生态体系。这种城市系统不仅可以短时间内动用大量可调配资源高效地完成协作，避免紧急情况下受到更多由人的行为而可能产生的干扰，从而带来由滞后产生的二次损害。

完备的反馈机制可以及时调节城市景观系统。具备弹性的社会生态系统会努力使反馈的强度保持在较为紧密和坚固的状态中。正因为有了这些反馈，城市在急性冲击来临之前，才能提前察觉到危险的存在。

构建具有信赖感的慈善资本体系和发达的社会网络，提升应急领导力。社会生态系统的弹性与城市内部成员在面临任何变化或干扰时都不遗余力地有效应对密切相关。强有力的信任关系网和执行领导力，都是让城市景观在面对突发性公众卫生事件时具有弹性的重要因素。能否有机构对诈骗和欺瞒进行严厉处罚，同样也是重要因素。这些是社会协作面对难关的构成要素。

（三）桥旅艺术铸精神生态景观为城市之骨

重点是不断学习和实验，接受区域性开发规则的新变化。弹性的方法提倡创新和革新。通常城市出现问题，在精神生态系统中，大部分人没有帮助进行新的变化，而是采取为不变化或避免变化提供补助金的方式。当然，由于医学的介入，虽然人类克服了很多生理疾病方面的问题，但仍有很多心理性问题需要城市改变原来的办事方法，学会适应性地运转和工作。例如，一个具有弹性的城市系统提供的补助金应该被用来以各种方式尝试新的解决模式，并鼓励那些通过技术革新改变的人。使革新技术不断发展，对于城市的系统弹性至关重要。弹性的思维方式不会忽略或抑制变化和干扰因素，而是接受、吸纳和改进。在具备弹性的城市景观系统中，精神生态的构筑是多维的，容错率高。具有弹性思维的城市景观设计也会鼓励受众在体验中主动触发感性体验中负面的情绪，在城市精神生态系统中适当重构旧态，重拾新的城市文化生长动力。[1]

---

[1] C. Folke, S. R. Carpenter, B. Walker, M. Scheffer, T. Chapin, J. Rockstrom, "Resilience Thingking: Integrating Resilience, Adaptability and Transformability," *Ecology and Society*, 2010, 15 (4): 26.

七　桥旅艺术在城市景观系统中的视角转变

城市景观系统应当具备生物多样化能力以及丰富多元的城市自然景观，适度模块化预防城市景观生态的脆弱性。开发高级数学模型预估城市灾难爆发临界点的慢因素，使城市景观系统具备更好的重置社会生态的能力。构建密切的反馈机制，建设具有信赖感的慈善资本体系和发达的社会网络，提升应急领导力。不断学习和实验，推行技术革新和通过文化艺术营建城市精神生态的新图景，这些都可以在突发性公共卫生事件来临之前、之中以及之后增强城市景观系统的弹性。从城市规划层面讨论桥旅艺术，则应当把桥旅并入整个城市的景观系统里。

第五部分
桥旅艺术与可持续发展

当今社会，城市可持续发展已成为全球关注的焦点。桥旅艺术作为城市建设的重要元素，不仅在历史中扮演着连接和交流的角色，而且在可持续发展中也有着巨大潜力。第五部分聚焦桥旅艺术如何为可持续发展提供新的思考和路径，探讨桥旅艺术在推动城市生态平衡、社会和谐方面的作用。

第十三章　从桥旅艺术的角度
理解可持续发展

可持续发展既是一个永恒的话题,也是一个概念。它是指在不损害后代人满足其需求的能力的情况下满足当代人的需求,涉及在经济增长、社会公平和环境保护之间找到平衡点。可持续发展旨在促进经济繁荣,同时保护自然资源和生态系统,减少贫困和不平等,并提高所有人的生活质量。这是一种长期的发展方式,旨在为人类和地球创造一个更具可持续性和弹性的未来。

本书一直在围绕"桥旅艺术"进行探讨,出于惯性思维,我们很容易习惯性地强调事物美好的一面,但是任何事物都是具有两面性的。桥旅的优点很多,但其弊端也不容忽视。

桥旅建设会造成土地和森林破坏,这可能会影响生物多样性,并导致土地侵蚀和水污染。此外,建造桥旅需要大量的水泥、钢铁等材料,这些材料的生产也会消耗大量的能源和资源,产生大量的二氧化碳排放,加剧全球气候变暖。

旅游业的增长也会对环境造成影响。旅游业的发展可能导致土地利用变化,如建造旅游设施和酒店,这可能会导致自然景观和生物栖息地的破坏。此外,旅游业也可能导致大量的垃圾和污染物排放,特别是在缺乏适当的垃圾处理和污水处理设施的地区。

面对这样的情况,我们需要力求在不损害后代人满足其自身需求的能力的情况下满足当代人的需求。我们需要借助艺术、设计的方法扩大桥旅优势，降低负面影响，走可持续发展之路，这也是一种长久之路。具体可从两个大的方向对负面影响进行干预：自然学科与社会学科。所谓"自然"，是指材料、能源、科技等，"社会"则是指社会、文化、经济、意识等。可以通过多种方式促进可持续发展，以确保艺术表达和文化遗产得到保护，同时最大限度地减少对环境和社区的负面影响。

一　从社会科学的角度来看桥旅艺术

可持续发展需要考虑社区和环境的需求和利益。以下是可以确保桥对环境和社区的负面影响最小化的几种方式。

（一）社区参与化

社区参与是确保桥旅建设符合当地社区需求和期望的关键因素之一，其可以通过召开社区会议、与社区成员进行面对面的对话和听取他们的反馈意见，以及建立与社区的伙伴关系来实现。社区参与是可持续发展的核心原则之一，可以确保项目与当地社区的共同利益和期望保持一致，并在整个项目生命周期内与社区保持良好的关系。在社区参与方面，桥旅艺术设计需要考虑当地社区的文化、历史、地理和环境因素。这可以通过与当地社区合作、与当地艺术家和设计师合作、举办公共参与活动等方式实现。通过这些合作，可以更好地了解当地社区的需求和期望，并将这些因素纳入设计中，从而创造出与当地社区和环境相适应的桥旅艺术。

（二）低影响开发

在桥旅设计建设和运营中，需要注意减少对周围环境的污染和破坏，以及保护生态系统和野生动植物的生存环境。

在桥旅建设过程中，需要考虑环境影响评价，并遵守环保法规。这可以通过实施环境影响评价，评估桥旅建设对环境的影响，并提出相应的环保措施和方案，以减少桥旅对环境的负面影响。

在桥旅运营和维护中，需要采取措施来减少对周围环境的污染和破坏。例如，对桥旅设施进行定期维护和检修，减少污染物和噪声的排放，避免对周围生态系统和野生动植物的干扰和破坏。

在考虑环境影响的同时，艺术学可以为桥旅设计带来更多元化的元素，从而提高桥旅的美学价值。例如，可以在桥上设置艺术装置，用颜色、灯光等方式增加桥梁的艺术感和观赏性。此外，艺术家和设计师可以考虑在桥旅设计中运用自然元素，如水、风、光等，使桥旅与周围环境更好地融合。这种设计思路不仅可以增强桥旅的美学价值，还可以帮助减少桥旅对周围环境的不良影响。

以水为例，设计师可以在桥梁上设置透明的栏杆或地面，使人们可以透过桥梁看到水中的景色，与周围环境更好地融合。此外，设计师还可以将桥梁的结构与水的流动相结合，使桥梁的形态更加流畅自然，让人们感受到水的生命力与美妙。

在风的设计中，设计师可以利用桥的结构和外形，使其更具通风性，减少风阻，从而减少对周围环境的影响。同时，设计师也可以在桥旅的艺术设计中融入风的元素，如通过桥梁的雕塑和装饰展现风的力量和美感。

在光的设计中，设计师可以利用桥梁的结构和材料，使其能更好地反射和吸收光线，使桥梁在日落和黎明时分呈现出迷人的光影效果。此外，设计师还可以在桥旅的艺术设计中利用灯光、透明材料等元素，展现光的美感和神秘感。

从社会科学和艺术学的角度来看，桥旅的可持续发展需要考虑其对环境的影响。在桥旅建设、运营和维护中，需要采取措施来减少对环境的负面影响，并保护周围生态系统和野生动植物的生存环境。同时，艺术学可以为桥旅设计带来更多元化的元素，提高桥旅的艺术价值和观赏性。

（三）资源集约化

桥旅建设涉及大量资源的使用，因此需要考虑资源的节约。通过使用可再生的材料和能源、设计更高效的系统和流程、最小化建设过程中的废弃物和污染物，可以减少对环境的负面影响并节约成本。

（四）社区合作制

在桥旅设计中，与当地社区的合作是非常重要的一环。设计师可以通过与当地居民、政府官员、环保组织等进行交流，了解他们对桥旅的需求和期望，充分考虑他们的意见和建议，以确保桥旅的设计符合当地的实际需求。此外，设计师还可以通过与当地的企业、工艺品制造商等进行合作，利用当地的特色资源和技术，使桥旅的设计更具当地特色，同时也能促进当地经济的发展。为了尊重当地文化和历史，设计师可以与当地的文化机构、历史研究者等进行合作，了解当地的文化和历史，从而在桥旅的设计中融入当地的文化元素，使桥旅更具当地特色，并能增强当地居民对桥旅的认同感。此外，通过组织当地的社区居民参与到桥旅的设计和建设过程中，让他们了解桥旅的建设过程和意义，同时也能增强他们对桥旅的归属感和自豪感。通过与当地社区的合作，设计师可以更好地了解当地的实际情况和需求，打造出更加符合当地特色和居民需求的桥旅，促进当地社区的发展和繁荣。同时，这种合作也能增强人们对社区的认识和关注，促进社区的和谐共处。

二、从自然学科角度看桥旅艺术

桥旅的设计需要考虑其在使用过程中对环境的影响。桥旅建设需要消耗大量的能源，如交通工具的运行、桥旅照明等。设计师可以考虑采用可再生能源或者节能措施来减少桥旅对环境的负面影响。例如，使用太阳能或风能发电可以减少桥旅对非可再生能源的需求，减少污染和排放的量。此外，利用当地的可再生能源，如水能或潮汐能，也是一种减少桥旅环境影响的好方法。

桥旅也会对周围的生态环境产生影响，例如对河流和水生动植物的影响。因此，在桥旅设计中，需要考虑桥旅对周围生态环境的影响，并采取措施来保护和改善生态环境。在桥旅的建造过程中，选择绿色建筑材料也是一种重要的方式，可以减少桥旅对环境的影响。绿色建筑材料通常是指那些对环境和人类健康影响较小的材料，如可回收材料、可再生材料和低排放的材料等。这些材料通常也具有更长的寿命和更好的耐久性，可以减少未来维护和更换所需的资源消耗和对环境的影响。设计师还可以通过桥旅设计来增强桥梁与周围生态系统的互动，例如采用生物模仿设计和自然材料，可以使桥梁更好地融入周围环境。同时，在桥梁周围创建一个生态旅游区可以吸引更多游客来到这里，享受周围美丽的自然景观，进一步促进当地经济发展和生态保护。此外，艺术家和设计师还可以在桥梁周围创造一些生态景观，如花园和湿地，吸引更多野生动物和鸟类在这里生活。通过在桥梁附近建立自然步道和生态通道，可以增加游客与自然互动的机会，从而加强人与自然的联系。

第六部分
桥旅艺术之未来发展

随着社会的不断发展和全球化的深入，桥旅艺术作为一种独特的文化表达方式，正逐渐引起人们的广泛兴趣。第六部分聚焦桥旅艺术领域的前景与未来发展方向，探讨其在国际交流、文化外交以及艺术创新方面的潜力。桥旅艺术与文化外交之间有着紧密的联系，桥旅艺术作为文化的使者，能够在跨国交流中发挥积极作用，促进不同文化之间的相互理解与合作。

第十四章 桥旅艺术与文化外交

一 桥旅艺术与文化外交的方式

(一) 全球化背景下的文化交流

文化交流是不同国家和地区之间的文化交流和互动,它可以通过艺术、文学、音乐、电影、体育、教育和旅游等渠道进行,文化交流可以促进理解、尊重和欣赏不同文化之间的差异,同时也可以建立更紧密的人际关系以及促进贸易和经济发展。在国际关系中,文化交流被视为一个重要的外交工具,可以用来增强两个国家之间的互信和友好关系。

在全球化背景下,不同国家、民族之间的文化交流和交融更加频繁和紧密,同时也加剧了文化差异和冲突,文化交流和外交的重要性不断增加。艺术作为文化的重要载体,已经成为世界各国开展文化交流和外交活动的重要手段。桥旅艺术作为一种衔接东西方文化的艺术形式,通过各种符号、构造以及审美思考沟通文化,让不同文化之间的对话和交流更加顺畅和有益,帮助不同国家、民族了解彼此,加强互信和友好关系,增强文化认同感和友谊,促进各领域的交流,改善国际舆论,提升国际形象和声誉,并在跨越文化差异和找到共通点的基础上建立文化互动交流的渠道，从而增强国家的实力。同时，作为一种有效的外交手段，借助于桥旅艺术可以打破文化隔阂和偏见，在不同国家间搭建一座文化之桥，实现文化互鉴和文化自信，促进文化创新和跨文化交流合作，促进文化多样性和人类文化遗产的保护和传承。

桥旅艺术强调东西方文化之间的相互理解，涵盖了不同国家和民族之间的文化交流，是一种跨越时空、跨越国界的艺术形式，缩小东西方文化之间的差距，形成一种文化本体性的对话。文化本体性对话强调文化之间相互尊重和理解的交流方式，强调文化之间的平等性和独特性，鼓励不同文化之间相互学习和借鉴。桥旅艺术与文化外交的文化本体性对话可以促进不同文化之间的交流和理解，人们可以更好地理解和欣赏其他文化的特点和价值观，同时也可以更好地展现自有文化的特色和贡献，促进世界各地的文化交融和发展。

（二）桥旅艺术与文化外交的关系

桥旅艺术是一种利用基础设施的艺术元素来提升人们的生活质量和精神追求的方式，通过艺术来加强世界各国之间的联系和交流，通常包括绘画、音乐、舞蹈、戏剧、电影、文学等艺术形式，作为一种无语言障碍的交流方式，人们通过交流可以了解不同国家和民族的历史、文化、价值观和生活方式，增进对彼此的了解和尊重，帮助不同文化之间的交流和理解。文化外交是一种国际政治工具，是指国家利用本国的文化与其他国家进行交流，用以推广本国文化价值观，以达到增进相互间的了解和友谊、促进文化交流、拓展合作领域、提高影响力等多种目的，文化外交强调通过文化交流来促进国家间的友好关系和合作，通过组织文化活动、展览、演出、文化交流项目等方式，展示国家的文化特色和优势，加深其他国家对自己的了解，从而增进国际间的友谊和合作。

桥旅艺术与文化外交是两种不同的概念，但这两种概念都在当今的国际交流中扮演着非常重要的角色，两者相互关联、相互促进，桥旅艺术与文化外交的结合能够产生积极影响。桥旅艺术不仅能够美化城市，增强居民的归属感和自豪感，还可以吸引外国游客，带动本地经济发展。而文化外交则可以通过各种途径让外国人了解本国文化，促进语言、民俗等方面的交流，从而增进两国间的了解和友谊。桥旅艺术与文化外交作为一种软实力，可以通过各种方式实现文化交流，包括语言学习、文化节庆、文化交流活动、艺术展览和学术交流等。桥旅艺术与文化外交可以通过多种方式和途径来实现，具体表现如下。

（1）文化交流活动。通过组织桥旅艺术展览、文化交流活动等，邀请海外艺术家和文化工作者参与，展示桥旅艺术的魅力和特色，促进文化交流和了解。

（2）文化产业合作。通过合作开发桥旅艺术相关的文化产品和项目，例如艺术品销售、文化旅游等，推广桥旅艺术文化，增加文化产业的贡献。

（3）国际会议和交流。通过组织桥旅艺术国际会议和交流，邀请海外专家学者和文化工作者参加，就桥旅艺术的创作、研究、保护和传承等问题展开讨论和交流，促进国际合作和学术交流。

（4）文化使节访问和交流。通过派遣文化使节前往海外访问和交流，向外国人介绍桥旅艺术的历史、文化和艺术特色，增进彼此之间的了解和友谊。

（5）在国际艺术节上展示。国际艺术节是世界各地最重要的艺术交流平台之一，参加这些艺术节不仅可以向全世界展示桥旅艺术的魅力和特色，而且可以与来自各地的艺术家和文化工作者进行交流与合作，拓展桥旅艺术的影响力和影响范围。

（6）与海外机构合作。与海外艺术机构、博物馆、图书馆等合作可以增强桥旅艺术的国际影响力和知名度。例如，与海外博物馆合作，可以借出桥旅艺术珍品参加海外展览，增加桥旅艺术的国际知名度；与海外艺术机构合作，可以进行文化产业合作，开展桥旅艺术的文化产品销售和推广。

（7）利用网络平台。网络平台是桥旅艺术推广的重要途径。通过线上展览、直播、讲座等方式，可以将桥旅艺术推广到全世界。例如，利用网络平台可以开展线上展览，将桥旅艺术的作品通过互联网向全世界展示。另外，通过社交媒体平台宣传和推广桥旅艺术，可以提高桥旅艺术的国际知名度和影响力。

（8）文化交换计划。文化交换计划可以促进不同国家和民族之间的文化交流与合作，增加彼此之间的了解和友谊。例如，开展艺术家驻地计划，可以让海外艺术家深入了解中国的桥旅艺术文化，开展创作和交流。另外，学者交流计划也可以促进桥旅艺术研究和学术交流，推动桥旅艺术的创新和发展。

（三）桥旅艺术在文化外交中的重要地位

桥旅艺术和文化外交在世界各国都有着重要的地位和实践意义。比如，在法国，文化外交部门已成为一个专门机构，旨在协调法国文化的海外推广、文化交流和教育事业。对于中国而言，文化输出战略也已经成为国家战略的一部分，中国已经在艺术、电影、动漫、美食等多个领域开展了丰富的文化推广活动。这些活动不仅提高了中华文化的知名度，也增强了中国在国际上的文化影响力，为中国的国际地位提升作出了贡献。

桥旅艺术作为一种有效的文化交流方式，在文化外交中的重要地位表现在以下几个方面。

（1）桥旅艺术可以打破语言和地理障碍，通过艺术作品和表演来促进不同文化之间的交流和理解。艺术是一种超越语言的表达方式，通过艺术作品和表演，人们可以更好地了解其他文化的艺术表达形式和特点。因此，桥旅艺术作为一种非常有效的跨文化交流方式，有助于增进不同文化之间的相互理解和尊重。

（2）桥旅艺术可以作为一种文化软实力，增强一个国家或地区在国际上的文化影响力。在全球化的背景下，传统的硬实力渐渐失去了在国际事务中的优势。相反地，软实力成为国家竞争优势的重要方面。通过支持和推广桥旅艺术，一个国家或地区可以展示自己的文化特色和价值观，提升自己的国际形象和文化软实力，让人们更加了解并愿意支持这个国家。同时，桥旅艺术也可以带动相关产业的发展，促进经济的繁荣和文化产业的兴盛。

（3）桥旅艺术可以促进国际间的友好合作和交流。艺术作品和表演通常会吸引各国艺术家和文化从业者的参与，从而促进各国之间的友好交流和合作。通过这种方式，不同国家和地区之间可以建立起更为紧密的联系和合作关系，实现共同发展和繁荣。

（4）桥旅艺术可以帮助缓解文化冲突。在世界各地，不同文化之间的冲突和误解时有发生。通过桥旅艺术的交流和合作，人们可以更好地了解其他文化的特点和价值观，从而减少文化冲突的可能性。艺术作品和表演通常都是具有感染力和感召力的，能够带来积极的文化交流与和平理解。

（5）桥旅艺术可以促进文化多样性和文化交流的平等性。文化多样性是人类社会的重要特征，各种文化都应该受到平等的尊重和重视。桥旅艺术可以通过促进文化交流和相互借鉴，让不同文化之间的交流变得更加平等和多元化。同时，桥旅艺术也可以鼓励各国之间的艺术家和文化从业者的交流,促进不同文化之间的相互了解和尊重。

(6)桥旅艺术还可以促进人类文化的共同发展。不同文化之间的交流和相互借鉴,有助于丰富人类文化的多样性,推动人类文化的共同发展。在这个全球化时代,各国和地区之间的文化交流和合作已经成为越来越重要的事情,桥旅艺术作为文化交流的重要方式之一,可以为人类文化的共同发展作出积极的贡献。

因此,桥旅艺术在文化外交中扮演着不可或缺的角色,其重要地位不仅体现在促进文化交流和相互理解方面,还包括增强国家或地区的文化软实力、帮助缓解文化冲突、促进文化多样性和文化交流的平等性以及促进人类文化的共同发展等方面。

二 桥旅艺术在文化外交中的作用

随着全球化和文化多元化的发展,国与国之间的交流和合作越来越频繁和紧密。而在这一进程中,文化外交作为一种重要的交流方式,得到了广泛的关注和重视。而桥旅艺术作为一种能够弥合文化差异和促进文化交流的方式,具有不可忽视的作用,不仅可以拓宽文化交流渠道,更可以让世界各地的人们感受到各自文化的独特魅力,增强对文化多样性的认识和尊重。

(一)桥旅艺术强调跨越文化差异的重要性

在全球化的今天,文化差异已成为一个不可忽视的事实,各种文化交流和冲突也不断涌现,我们需要深刻认识和理解不同文化之间的差异,才能更好地推动跨文化交流和文化外交。艺术作为一种强有力的文化表达方式,具有独特的优势,通过艺术我们可以更直观地感受和理解不同文化之间的差异,更好地了解和欣赏其他国家和民族的文化。例如，在中国，京剧作为中国传统艺术的代表之一，通过在国际舞台上的演出，让更多的外国人了解和欣赏中国文化的独特魅力，推动了中西文化交流和友好合作。在此过程中，京剧所具有的中国文化特色和精神内涵得到了更好的传承和发扬。中国京剧、杂技、民族乐器等传统艺术形式都被国际社会所熟知和认可，成为中国文化的重要代表。

桥旅艺术强调跨文化差异的重要性，即各国的文化差异不应该是隔离和分裂的根源，而应该是连接和交流的媒介，桥旅艺术希望通过艺术和文化交流，让人们更好地了解和欣赏其文化的特点和价值观，从而减少文化冲突。例如，法国著名文化外交活动"La Nuit Blanche"（白昼之夜）每年都会在城市公共场所举办艺术展览和表演活动，吸引了大量游客和当地居民参观和欣赏。这些活动旨在通过艺术和文化交流，让人们更好地了解和欣赏其他文化的特点和价值观，从而减少文化冲突。

（二）桥旅艺术的国际影响力

在全球化的今天，各种文化形式都可以在全球范围内传播，文化交流变得更加频繁和普遍。桥旅艺术不仅是国际文化交流的重要手段，更是国家文化软实力的重要组成部分。此外，桥旅艺术还具有强大的感染力和号召力。例如，中国通过"文化中国"等文化外交活动，向世界展示了中国的传统文化和现代文化成果，加深了世界各国对中国文化的认知和理解。2016年的中国"一带一路"国际文化艺术周，以艺术为媒介，将中国文化传播到了多个国家，增进了"一带一路"沿线国家对中国的理解和认识，通过向世界讲述中国故事、传播中国价值理念，彰显文化共存、价值共惠，缓释文化差异，增进民心相通，助推沿线各国各地区间的经济、社会、文化交流，向世界阐明当代中国理念，以及构建人类命运共同体的中国主张。

（三）桥旅艺术的作用范围和应用价值

桥旅艺术的作用范围十分广泛，不仅可以应用于国际文化交流和外交活动中，也可以在民间文化交流、城市文化建设等方面发挥重要作用。

在国际文化交流和外交活动中，桥旅艺术作为一种具有高度文化内涵和国际影响力的形式，能够很好地传达国家文化特色和精神内涵，增强文化软实力和国际话语权。

在民间文化交流中，桥旅艺术也能够发挥重要作用。随着全球化和信息化的发展，文化创意产业已经成为各国经济的重要支柱之一，桥旅艺术不仅可以促进文化产业的转型升级，更可以激发文化创新的活力和创造力，推动文化产业的健康发展。此外，桥旅艺术还能够促进城市文化的发展和创新。例如，在城市文化建设中，一些城市通过举办文化艺术节、建设文化广场等方式，以桥旅艺术的形式推动城市文化发展，提升城市文化软实力和吸引力，促进城市经济的发展。

桥旅艺术作为一种跨越文化、国界和民族的艺术形式，具有强大的跨文化交流和传播作用。在不断变化的国际环境中，通过不同艺术形式的展示和交流，桥旅艺术的发展和应用不仅可以促进不同文化之间的交流和理解，增强人们的文化认同感和归属感，促进和谐发展，更可以推动文化产业的创新和发展，增强国家的文化软实力和国际话语权。桥旅艺术还可以在其他领域如经济、教育、科技、环保等发挥作用，推动和平和谐发展。

（1）经济领域。桥旅艺术可以推进经济发展和文化产业的繁荣。例如，在中国，艺术品的收藏和交易已成为一个重要的市场，通过艺术品交易促进了经济的发展。

（2）教育领域。桥旅艺术可以增进教育和人文交流。例如，在日本，国际学校通过组织文化交流活动，让学生们更好地了解和欣赏其他国家的文化，拓宽了他们的国际视野和文化认知。

（3）科技领域。桥旅艺术可以促进科技创新和知识交流。例如，在美国，文化机构和 Google 合作开发了一个名为"Cultural Institute"的在线平台，包括艺术计划（Art Project）、档案展览（Google Archives）和世界奇观（World Wonder），让全球用户都可以在平台上欣赏和学习各国的艺术和文化，通过艺术和文化交流促进科技创新和知识交流。

（4）环保领域。桥旅艺术可以促进环保和可持续发展。例如，2014年荷兰北部城市克罗曼尼建立了世界上首条太阳能电池板道路，它在水泥板里嵌入了晶体硅太阳能电池板，可将太阳能转化成电，并输送给电网，为街灯、交通信号灯或附近民宅供电，通过艺术和技术创新促进可持续发展和环保，这项技术也可应用于桥旅路面。

在桥旅艺术的实践和应用过程中，政府、社会和艺术家需要共同努力，加大对桥旅艺术的投入和支持力度，提升自身的文化素养和创作水平，营造良好的文化氛围，共同推动桥旅艺术的发展和推广。同时，桥旅艺术也需要不断创新和拓展，注重艺术形式和表现手法的多样性和个性化，以适应不同国家和文化之间的差异和需求，实现更加深入、广泛和有效的跨文化交流和理解。

三 桥旅艺术与文化外交的问题与挑战

桥旅艺术与文化外交的结合还存在着一些问题。在桥旅艺术实践中，政府需要充分考虑人民的利益，确保基础设施的安全并确保艺术作品对周围环境的兼容性。在文化外交方面，政府面临着推广和倡导本国文化和民俗的难题，以及对外交流信息的掌控不稳定等。因此，政府和各地居民需要积极发扬合作精神，确保桥旅艺术与文化外交能够顺利开展。

此外，桥旅艺术与文化外交作为一种重要的国际交流方式，其发展和应用，还需要政府、社会和艺术家的共同努力。政府需要加大对桥旅艺术的投入和支持力度，制定更加有利于文化创意产业发展的政策和措施；社会需要加强对桥旅艺术的认识和推广，营造良好的文化氛围；艺术家需要不断提升自身的创作水平和文化素养，不断创新和拓展桥旅艺术的形式和表现手法。政府还应积极引导社会资本和企业，加强区域协商及国际合作，加强对桥旅艺术与文化外交的重视，进一步推动桥旅艺术与文化外交的发展。这将有助于促进文化交流、增进国家间的了解和友谊，并为城市的可持续发展作出重要的贡献。

具体的桥旅艺术和文化外交面临的问题和挑战可以分为以下几类。

（1）文化差异和误解。不同国家和地区之间存在着不同的文化传统和价值观，这些差异可能导致误解和冲突。例如，在某些国家，触摸头部是一种不礼貌的行为，而在其他国家则是一种友好的表示。因此，如果不了解这种文化差异，可能会导致不必要的误解和冲突。

（2）艺术创作的不自由。艺术家在创作作品时，应该有充分的自由和独立性，但在某些国家，政治和社会压力可能会影响艺术家的创作和展示，这种情况可能会限制桥旅艺术和文化外交的发展。

（3）资金和资源短缺。桥旅艺术和文化外交需要大量的资金和资源，包括艺术品、场地、交通、住宿和其他费用。这些资源短缺可能会限制某些国家和地区的参与，并且可能会导致一些国家和地区的艺术和文化无法得到广泛传播。

（4）语言障碍。语言是桥旅艺术和文化外交的重要组成部分，但在不同国家和地区之间，语言障碍可能会阻碍沟通和理解。在某些情况下，需要专门的翻译或者使用共同的语言来解决这个问题。

（5）地缘政治因素。桥旅艺术和文化外交也可能会受到地缘政治因素的影响。在某些情况下，政治因素可能会导致某些国家或地区之间的交流受到限制或被完全禁止。地缘政治因素也可能会影响文化交流，例如，某些地区可能被视为不稳定或危险，导致艺术家和文化机构不愿意前往这些地区。

（6）意识形态差异。某些国家和地区之间的意识形态差异可能会影响桥旅艺术和文化外交的发展。例如，在某些国家，某些主题的艺术和文化可能被视为具有政治色彩，而在其他国家，则可能被视为普通的文化活动。这种意识形态差异可能会导致某些国家和地区的艺术和文化无法得到广泛传播和展示。

（7）环境和气候变化。桥旅艺术和文化外交的发展也可能受到环境和气候变化的影响。例如，在某些地区，极端天气可能会影响艺术和文化活动的举办，从而影响桥旅艺术和文化外交的发展。

而解决桥旅艺术和文化外交面临的问题和挑战需要跨学科和综合性的努力，包括政治、文化、经济和社会等方面的努力。这需要各国和地区之间的紧密合作和协调，以实现更加平等、多样和包容的桥旅艺术和文化外交。以下是一些解决方法的探讨。

（1）政治和外交手段。政治和外交手段可以用于解决桥旅艺术和文化外交中的一些问题。例如，政治协议和条约可以为不同国家和地区之间的文化交流提供合作基础，促进文化交流的发展。政治和外交手段也可以为文化交流提供更多的经费和资源，例如通过国际援助、文化交流项目等方式，加强对文化活动和项目的支持。

（2）教育和文化推广。教育和文化推广可以帮助缩小不同国家和地区之间的文化差异，促进相互理解和尊重。为此，可以推广教育和文化交流项目，包括文化遗产保护、文化旅游和艺术交流等，通过这些项目，可以增加人民之间的文化交流和了解。同时，还可以鼓励多元文化的表达和交流，提高各国和地区之间的包容性和多样性。

（3）多样性和包容性。多样性和包容性是解决桥旅艺术和文化外交中面临的文化侵略和文化霸权问题的重要途径。各国和地区应该尊重和保护彼此的文化传统和多样性，并在桥旅艺术和文化外交中推广包容性和多样性的理念。为此，可以鼓励文化交流和跨文化对话，促进不同国家和地区之间的文化交流和相互学习。

（4）科技和数字化。科技和数字化是桥旅艺术和文化外交中推广和传播文化的重要手段。通过科技和数字化，可以将艺术和文化活动推广到更广泛的受众中。例如，可以通过在线博物馆、数字艺术展览和在线文化交流平台等方式，实现文化的数字化和在线化，为不同国家和地区之间的文化交流提供更多的机会。

（5）环保和可持续性。为了应对环境和气候变化的影响，桥旅艺术和文化外交应该更加注重环保和可持续性。各国和地区应该采取措施，如推广绿色文化、节能减排、举办环保活动等，以确保文化交流和艺术活动的可持续性和环境友好。同时，还可以开展以环保和可持续性为主题的桥旅艺术和文化外交，如环保艺术展、可持续性音乐节等，通过艺术和文化的方式，呼吁世界各国和地区共同关注环保和可持续发展问题。

综上所述，要解决桥旅艺术和文化外交中面临的问题和挑战，只有通过国际合作和协调，才能实现更加平等、多样和包容的桥旅艺术和文化外交，促进全球文化交流和发展。桥旅艺术对文化外交的政策支持和实践方法可以从以下几个方面展开。

首先,政策支持桥旅艺术的发展。支持桥旅艺术的发展需要从多个方面入手,涉及政治、文化、经济和社会等多个领域。

第一,政府可以制定和实施桥旅艺术支持政策,为艺术家提供更好的创作环境和资源。政府可以提供艺术家创作经费、赞助艺术展览和音乐会等,支持艺术家的职业发展和创作。同时,政府也可以建立艺术评审机制,为艺术家提供公正、公开的评价标准,激励艺术家进行更高水平的创作。

第二,政府可以积极支持各种文化交流活动,如文化展览、举办国际艺术节等,为艺术家提供更广阔的展示平台和交流机会,推广本国文化。政府还可以加强与外交部门的合作,通过外交手段促进桥旅艺术和文化交流,促进国际间文化交流的多样化、平等化、包容化,为增进国际间的相互理解、友谊和合作奠定坚实的基础。

第三,政府可以建立完善的艺术教育体系,提供专业艺术培训和教育,培养更多优秀的艺术人才,为桥旅艺术和文化外交提供有力的支持。政府可以加大对艺术教育的投入,提高艺术教育的质量和水平,培养更多有才华、有潜力的艺术人才,为艺术和文化的发展提供人才支撑。

第四,政府可以鼓励艺术数字化,促进艺术品线上销售,拓展艺术品的市场空间,同时提高文化产品的知名度和影响力。政府可以加大对文化创意产业的支持,推动文化创意产业的数字化和信息化发展,提升文化产品的品质和竞争力。

第五,政府可以引导社会投资,鼓励私人和企业对艺术和文化领域进行投资,支持艺术品市场的发展,促进艺术家的职业发展。政府可以建立艺术品交易市场,提供艺术品的买卖、展示和交流平台,吸引更多的投资者参与,并加强对艺术品市场的监管,保障交易的公开、透明和规范。

第六，政府可以加强与社会各界的沟通和合作，建立良好的合作关系，共同推动桥旅艺术和文化外交的发展。政府可以设立专门机构，负责桥旅艺术和文化外交的推进和协调，加强各方合作，促进艺术和文化领域的发展。

总之，政策支持桥旅艺术的发展需要多方合力，政府需要发挥主导作用，加强政策协调和统筹，同时鼓励社会各界积极参与，共同推动桥旅艺术和文化外交的发展。只有在政府、艺术家、市场、社会各方的共同努力下，桥旅艺术和文化外交才能够取得更大的成果，为推动世界各国之间的相互理解和友谊作出更大的贡献。

其次，桥旅艺术实践项目的规划和推荐。桥旅艺术实践项目以艺术为媒介，通过跨文化交流、合作和互动，促进不同国家、地区之间的文化交流和了解，增进相互之间的友谊和合作。具体规划时，可以从以下几个程序入手。

一是调研和分析。在推荐和规划桥旅艺术实践项目之前，需要进行充分的调研和分析，了解不同国家和地区的文化特色、艺术形式、受众群体和市场需求等情况，以便选择合适的项目主题和艺术形式。

二是制订项目计划。在确定项目主题和艺术形式后，需要制订详细的项目计划，包括预算、时间表、合作伙伴、场地租用、艺术家招募、宣传推广等内容，确保项目能够有条不紊地进行。

三是找到合适的合作伙伴。桥旅艺术实践项目需要跨越不同的国家和地区，因此需要找到合适的合作伙伴，建立良好的合作关系。可以通过与当地的艺术机构、文化组织和跨国企业等合作，共同开展项目。

四是确保资金和资源充足。桥旅艺术实践项目需要投入大量的资金和资源，因此需要确保有足够的资金和资源支持项目的顺利实施。可以通过申请文化部门的资助、赞助商的支持、票务收入等多种途径筹集资金。

五是进行总结和反思。为了确保桥旅艺术实践项目的持续发展和优化，需要定期对项目的效果进行总结和反思，以利于评估和改进。可以通过问卷调查、社交媒体反馈等方式，了解观众和参与者对项目的意见和建议，为下一次项目提供参考和依据。

在推荐桥旅艺术实践项目时，需要综合考虑文化特色、艺术形式、合作伙伴、资金和资源以及社会影响等因素。

一是文化特色。每个国家和地区都有自己独特的文化特色，因此在推荐桥旅艺术实践项目时，需要充分考虑各个国家和地区的文化特色，以便更好地展现其独特性，同时也能吸引更多人参与和关注。

二是艺术形式。桥旅艺术实践项目的艺术形式多种多样，可以是音乐、舞蹈、戏剧、美术等不同形式的艺术表达。推荐桥旅艺术实践项目时，需要根据不同文化特色和受众群体的喜好选择合适的艺术形式，以便更好地展现其魅力和吸引力。

三是合作伙伴。桥旅艺术实践项目需要跨越不同的国家和地区，因此需要找到合适的合作伙伴，建立良好的合作关系。合作伙伴可以是其他国家或地区的艺术机构、艺术家、文化组织等，也可以是跨国企业或社会组织。

四是资金和资源。桥旅艺术实践项目需要投入大量的资金和资源，包括艺术家的费用、场地租用费、音乐设备、灯光音响等器材费用，以及推广费用等。因此，在规划和推荐桥旅艺术实践项目时，需要考虑到这些成本，并确保有足够的资金和资源支持项目的顺利实施。

五是社会影响。桥旅艺术实践项目的成功与否，不仅要看其艺术表现，还需要考虑到其对社会的影响。推荐和规划桥旅艺术实践项目时，需要考虑其对促进跨文化交流、增进相互之间的理解和友谊、推动各国之间的合作等方面的影响，并制定相应的评估标准，以便对项目的效果进行评估和改进。

只有综合考虑各个方面的因素，并制订详细的项目计划和评估机制，才能成功推进桥旅艺术实践项目。

再次，跨学科合作与文化交流实践。桥旅艺术本身也是一种跨学科的艺术形式，可以促进不同学科之间的合作和交流，也可以促进跨文化的交流和理解。在桥旅艺术的跨学科合作与文化交流实践中，需要考虑以下几个方面。

一是合作伙伴的选择与协调。桥旅艺术跨学科合作需要不同领域的专业人才共同参与，需要寻找合适的合作伙伴，如艺术家、文化机构、科学家、工程师等。合作伙伴之间需要相互理解和尊重，有共同的目标和利益，才能创作出更加优秀的作品。在合作过程中，需要有专门的协调人员负责统筹协调工作，确保合作的顺利进行。

二是制订详细的项目计划和预算。在跨学科合作过程中，需要制订详细的项目计划和项目预算。项目计划应该包括创作的主题、内容、形式、地点、时间、参与人员等信息，项目预算应该考虑到人力、材料、设备、场地、宣传等方面的费用。制订详细的项目计划和项目预算可以帮助项目顺利进行，避免出现时间和经费上的浪费。

三是建立科学的评估机制。建立科学的评估机制可以帮助合作团队不断提升作品的质量和水平。在跨学科合作完成后，需要进行评估，评估机制应该科学合理，包括评价作品的创意、技术、表现力、文化价值等方面,并吸取经验教训不断改进完善。

四是推广和传播。桥旅艺术的跨学科合作需要通过各种形式的宣传和传播来推广,如展览、演出、出版物、网络平台等。推广和传播的目的是让更多的人了解和欣赏到这些跨学科合作的作品,促进文化交流和理解。推广和传播还可以帮助扩大作品的影响力和知名度,促进合作团队的发展和成长。

总之,桥旅艺术的跨学科合作与文化交流实践需要各领域的专业人才共同参与和密切配合,才能取得良好的效果。跨学科合作可以带来不同领域的创新思维和技术手段,可以创作出具有创新性和独特性的作品,同时也能促进文化交流和理解。

最后,桥旅艺术在文化外交中的落地和拓展。桥旅艺术作为一种文化外交手段,已经在多个国家和地区得到了广泛应用,并取得了一定的成效。"丝路金桥"是以"一带一路"为创作语境的大型雕塑类型的桥旅艺术作品,由中国当代著名艺术家、意大利佛罗伦萨国际当代艺术双年展终身成就奖获得者舒勇设计,他和创作团队及近 500 个工人用一年的时间完成此作品。桥长 28 米、高 6 米、宽 4 米,由上万块人造树脂水晶砖砌成,桥下还铺陈有成千上万个水晶球,水晶球内包含着"一带一路"构想范围内相关国家和城市的国花和市花,数万个水晶球内也绽放着代表各地的花朵。桥的主体结构模仿的是有 1400 多年历史的隋代建筑赵州桥,作为中国现存最古老的桥旅之一,赵州桥以结构坚固、设计巧妙闻名,至今仍在使用。"丝路金桥"用国际化的艺术语言,传达了构建人类命运休戚与共、中国与世界紧密相连的人类命运共同体的价值观。舒勇在 2019 年举行的第二届"一带一路"国际合作高峰论坛上,将该作品捐赠给了中国和平发展基金会,并共同发起全球巡展计划,"一带一路"相关国家的首都及重要城市均已被列入,并签订了合作备忘录。

第十五章　桥旅艺术探索的前景

一　数字化背景下的桥旅艺术发展

数字技术的发展为桥旅艺术的发展提供了新的机遇,为桥旅艺术的表现和传播带来了更多可能性。虚拟现实和在线平台等技术可以为来自不同地区和文化背景的艺术家和观众提供互动和交流的平台,虚拟现实技术可以让人们在家中欣赏来自世界各地的艺术作品和表演,而在线平台可以为多元文化艺术家提供更多的展示和推广机会。通过数字技术的应用,桥旅艺术可以更加广泛地传播和推广。这些新兴技术在桥旅艺术中的应用发展如下。

(一)创新的表现形式

数字艺术和虚拟现实技术可以帮助桥旅艺术创造出更为丰富、多样的艺术表现形式。数字艺术是将数字技术应用于艺术创作和表现的一种新兴艺术形式,通过数字技术的帮助,桥旅艺术可以创造出更加生动、丰富的视觉效果,如全景漫游、虚拟现实互动展览等。

在数字艺术展览中,艺术家可以利用互动装置、投影和声音等元素打破传统艺术的局限,为观众打造出一个与众不同的视觉和感官体验,让观众感受到全新的艺术体验,实现与观众的互动,为桥旅艺术的表现带来更加真实的感受。例如，在虚拟现实技术的帮助下，观众可以通过VR头盔等设备，亲身体验虚拟世界中不同文化背景下的艺术和文化，还可以通过手势、语音等方式与桥旅艺术互动，身临其境地感受桥旅艺术所展现的情境和场景，进一步增强观众对桥旅艺术的感知和认知。同时，数字艺术还可以通过电子媒介等方式实现对桥旅艺术的再创作和再发现，进一步丰富桥旅艺术的表现形式，使其创造出更加丰富、生动的视觉效果，让观众能够更好地感受和理解桥旅艺术的内涵和魅力。

这些新技术发展所带来的创新的表现形式让桥旅艺术变得更加生动、直观，同时也将吸引更多的年轻人和数字原生代参与。

（二）跨地域的传播

数字化媒介的兴起为桥旅艺术的跨地域传播带来了新的机遇。数字化媒介包括社交媒体、数字出版等，这些平台可以通过网络等传播渠道，让桥旅艺术的信息和作品迅速传播到全球各地，将桥旅艺术的魅力传递到更多的人群中去。

数字艺术和虚拟现实技术可以使桥旅艺术的表现和传播跨越地理边界，让更多的人有机会接触和了解不同文化的艺术和创意，结合数字化媒介中的数字平台、虚拟展览等方式，桥旅艺术可以更好地拓展其影响力和受众群体。例如，艺术家可以通过数字化媒介实现跨地域的展览和传播，利用社交媒体平台、数字艺术市场等渠道，将作品传播到全球不同的受众群体，观众也可以通过网络等方式，随时随地浏览桥旅艺术的作品和展览信息，无须受到地域限制。而通过虚拟现实技术，艺术家和策展人也可以创造出更为真实的数字展览，还可以通过多语言的展览解说和互动体验，为不同国家和地区的观众提供更加贴近和便捷的服务，更好地呈现出多元文化的特色和魅力，使不同的观众仿佛置身于一个完全相同的文化环境中，促进不同文化之间的交流和融合。

（三）互动的参与方式

数字艺术和虚拟现实技术等新兴技术可以为桥旅艺术提供更加丰富的互动体验，让观众身临其境地感受桥旅艺术的创作过程，与作品进行互动、探索，也可以为桥旅艺术提供更加多样化和互动性的参与方式，让观众成为桥旅艺术的参与者和创作者，从而获得更加深刻的理解和体验。

例如，利用数字艺术展览中的互动装置、虚拟现实游戏，为观众提供素材、创意、反馈等内容，邀请观众参与到创作过程中，促进桥旅艺术与观众之间的互动和交流，观众可以通过互动装置和数字技术参与到展览中，成为艺术作品的一部分。而在虚拟现实游戏中，观众可以通过角色扮演、互动等方式，更好地了解不同文化背景下的艺术和文化。这些互动的参与方式让观众成为参与者和创造者，更好地理解和欣赏不同文化背景下的艺术。

通过数字化媒介和互联网等方式，桥旅艺术也可以与不同国家和地区的艺术家、设计师、制作人等进行交流和合作，这种跨地域的互动参与可以促进桥旅艺术的创新和多样性，同时也可以为不同国家和地区的文化交流提供契机，让桥旅艺术在全球范围内得到更广泛的认可和欣赏。

（四）保存和传承

数字艺术和虚拟现实技术可以提供更加可靠、高效的保存和传承方式，对于桥旅艺术的保存和传承有着重要的意义。在数字化时代，数字化保存成为保存文化遗产的一种重要方式，数字化保存可以保护文物，同时也可以提高文物的使用率和可见度。例如，在数字博物馆中，利用虚拟现实技术可以在不破坏文物的前提下展示历史文化遗产，重现桥旅艺术的细节和特点，让更多人了解和欣赏，数字技术还可以将桥旅艺术的信息保存在云端数据库中，实现远程访问和传输，这样桥旅艺术信息就可以被更多人获得和利用。

数字艺术和虚拟现实技术也为桥旅艺术的传承提供了新的可能性，桥旅艺术可以通过数字技术进行创新和发展，从而得到更多人的关注和认可。同时，数字艺术也可以将传统文化艺术与现代艺术相结合，而虚拟现实技术则可以为文化艺术的传承提供更为真实的体验和互动方式，让观众更好地了解和体验传统文化艺术的魅力，使桥旅艺术得到更广泛的传播和认可，为文化艺术的发展注入新的活力。

在多元文化背景下，桥旅艺术也将不断创新变化，探索新的表现形式和交流方式，以适应不断变化的社会需求。此外，桥旅艺术还可以与其他领域相结合，如文化旅游、教育、商业等，创造更多的商业价值和社会效益。

二　未来桥旅艺术的发展趋势

随着社会、科技和文化的不断发展，桥旅艺术作为一种独特的文化交流方式，有着很大的潜力和更多的机遇。在未来，桥旅艺术将会在全球范围内继续蓬勃发展，在更多的领域和方面得到应用和发展，为人类社会的进步和发展作出更大的贡献。通过本书前文的论证和阐述，可以从以下几个方面进行展望。

（一）创新的桥旅技术与艺术融合

随着建筑技术的不断进步，桥旅设计和建筑可以越来越具有创新性和艺术性。例如，创新的桥旅设计可以带来更加优化的桥旅结构，一些现代桥旅作品已经融入了先进的智能化建筑材料、结构设计和环境保护技术，如自修复混凝土、自动感应照明系统、碳纤维增强聚合物、3D 打印技术、曲线梁设计等，这些创新的设计和材料可以加快桥旅的建造速度，提高桥梁质量，降低桥旅的重量和建造成本及时间，并提高桥旅的耐久性和可持续性，使桥旅在建造和运营过程中减少维护和维修成本，从而减少对环境和社会的负面影响，为创造独特的桥旅艺术形式提供坚实的基础保障。

未来，随着科技的不断发展，桥旅设计和建筑技术还将在形式、功能和可持续性等方面不断创新，艺术家的设计理念和审美意识可以为桥旅设计提供更为人性化的方向和新的思路，艺术和技术之间的融合和互补也将为桥旅艺术带来更多的可能性和创新性，创造出更为丰富多彩的桥旅文化和科技成果，为桥旅艺术的探索提供更加广阔的空间。例如，智能化技术可以实现桥旅的自我监测和维护，提高桥旅的安全性和可靠性；虚拟现实技术和增强现实技术可以为桥旅艺术提供更加丰富和多样的表现形式，增强其艺术性和科技感；人工智能可以帮助桥旅艺术作品的自动化生成，提高生产效率。

此外，桥旅艺术和技术在不同领域的交叉应用，如数字音乐、电影特效、虚拟现实等，也将为人们带来更加多样化的桥旅艺术文化体验，扩大文化探索的边界，增加文化交流的机会。

(二) 跨文化的桥旅艺术交流

当今社会，跨文化交流变得越来越普遍，越来越多的人开始意识到文化多样性的重要性，人们开始欣赏和理解来自不同文化背景的艺术作品和表演，同时也开始更加关注和支持多元文化艺术家的创作。随着人们对文化多样性和跨文化交流的重视，跨文化交流需求的不断增加，桥旅艺术帮助人们更好地跨越文化和语言障碍、促进跨文化交流和理解的功能凸显出来，桥旅艺术也将得到更多的关注和推广，为世界带来更多的文化交流和理解。

跨文化的桥旅艺术交流是指不同文化之间通过艺术形式进行交流和沟通的过程，桥旅作为连接不同地域和文化的纽带，有着丰富的跨文化交流潜力，这种交流不仅可以促进文化的传承和交流，还可以增进不同文化之间的理解和尊重。以桥旅为媒介，举办跨文化的国际艺术展览、演出和交流活动，使人们认识不同文化的价值观、信仰、传统和生活方式，促进不同文化之间的对话、理解和融合，减少不同文化间的误解和歧视，推动艺术的多元发展。

未来，随着全球化的深入发展，桥旅艺术交流将进一步增加，不同文化核心价值观和精神内涵的传递，将为文化多样性和跨文化合作提供更多机会，促进文化的创新和发展。

(三) 社区参与的桥旅艺术

社区参与的桥旅艺术是一种以社区为中心的艺术活动，旨在通过艺术形式促进社区参与、互动和创造力的发展，桥旅作为社区生活中的一部分，可以成为社区居民参与艺术创作和文化传承的场所。通过社区参与的桥旅艺术项目，社区成员可以共同参与、合作和创造，增强社区成员之间的联系和互动，帮助社区成员更好地了解和认识彼此，激发居民的创造力和文化认同，促进社区的互动和共享，增强社区的凝聚力和文化自信。

此外，社区参与的桥旅艺术可以促进社区发展和改善社区环境。通过桥旅艺术活动，社区成员可以发现和解决社区中存在的问题，改善社区环境和生活质量，丰富社区成员的生活，提高社区成员的生活质量和幸福感，例如社区公园中的桥旅艺术可以使环境更加美丽和宜人，可以提高社区居民对公共空间的参与感和归属感。同时，桥旅艺术活动可以成为传递文化、传统和价值观的平台，社区成员可以自由表达独特的文化见解和建议，可以提高文化素养，提高审美和创造力，促进文化的传承和创新。

（四）桥旅艺术与可持续发展

桥旅艺术与可持续发展之间存在着密切的联系和互动，桥旅艺术可以为可持续发展提供新的思路、新的方法和新的视角，同时可持续发展也可以为桥旅艺术提供更加持久的支持和发展空间。随着对环境保护和可持续发展的重视，桥旅艺术与可持续发展理念的结合，推动桥旅的绿色设计、生态保护和环境教育，桥旅艺术的创造和表现需要艺术家在创作过程中不断地思考、发掘和创新，这种创造和创新能力也为可持续发展提供新的思路和视角，推动可持续发展的进程。例如，一些桥旅通过采用可再生能源、环境监测和治理等方式实现环保和可持续发展，让人们认识到资源的有限和环境的脆弱，从而推动人们更加关注和尊重环境。此外，可持续发展需要社会各界的共同参与和努力，而桥旅艺术可以成为促进社会参与和共享的重要平台，桥旅艺术作为一种具有文化性和感染力的形式，可以通过各种艺术手段和形式表现可持续发展的概念和思想，引起人们的关注和共鸣。

随着全球对可持续发展理念认识的不断深化，桥旅艺术也将与可持续发展理念更加紧密地结合在一起，桥旅艺术作为连接人与人、人与环境、人与文化的重要介质，具有促进可持续发展的作用和潜力，为人类社会的可持续发展作出贡献。

（五）数字化的桥旅艺术

随着数字技术的发展，桥旅艺术在数字化领域得到了创新和发展，数字化技术不仅改变了桥旅设计和建造的方式，同时也为桥旅艺术带来了新的表现方式和可能性。

数字化技术可以帮助设计师通过计算机辅助设计软件进行精确的 3D 建模和仿真，在更短的时间内制定更为精准的桥旅艺术方案，进一步改变桥旅艺术的表现方式。例如，通过计算机辅助设计软件使用新材料如碳纤维等对桥旅进行构造，制作出复杂、精美的结构和图案，以及实现动态效果如 LED 灯光秀等，创造出虚拟的桥旅艺术作品，结合虚拟现实技术，让人们通过数字化方式感受桥旅艺术的魅力；同时，数字化技术也可以为桥旅艺术的设计和建筑提供更加准确和高效的工具和平台。未来，通过数字化技术的手段，我们可以将传统桥旅的历史、文化、设计、建造等方面的信息数字化保存，并将其传递给后代，数字化的桥旅艺术也将成为桥旅文化传承和创新发展的重要方向之一。

（六）旅游文化融合

随着旅游业的不断发展和人们对旅行体验的不断追求，桥旅艺术将在旅游文化中发挥越来越重要的作用。传统的桥旅设计注重结构和功能，未来的桥旅不仅仅是作为一个通行工具，还要兼顾旅游、休闲、文化等多种功能，更加注重情感和体验。未来的桥旅艺术将借助文化传承的力量，在其中融入独特的旅游元素，展示当地的文化特色，使桥旅成为一个具有故事性和情感共鸣的旅游景点，创造更加独特的旅游体验。同时，桥旅艺术也可以通过旅游体验的方式，将桥旅打造成为一个既有实用功能又具有文化价值的旅游景点，推动桥旅艺术与旅游文化更加深入地融合，为城市的经济发展和文化传承作出贡献。

（七）结合教育和研究发展

随着社会的不断发展，桥旅艺术已经成为一门独特的艺术形式，其在文化、艺术、设计等方面都有着重要的价值，桥旅艺术也可以作为艺术教育和研究的重要对象。例如，通过对桥旅艺术的研究和分析，可以深入了解桥旅艺术的历史、文化和艺术特点；同时，通过进行桥旅艺术教育和培训，可以培养更多的桥旅艺术设计和建筑人才，推动桥旅艺术的发展和创新。为了更好地传承和发展桥旅艺术，桥旅艺术在教育和研究方面也将出现一些新的趋势和变化。

首先，未来桥旅艺术教育将更加注重实践性和创新性。传统的桥旅艺术教育主要侧重于技术和理论的传授，未来的桥旅艺术教育将更加强调实践性和创新性。桥旅艺术不仅是理论研究和学术探讨，更是一门实际应用的艺术和工程学科，学生将有更多的机会参与实际项目的设计和施工，包括实地调研、设计实践、施工管理等实际操作技能等，从而掌握实际应用的能力和技巧。同时，随着科技的迅猛发展，数字化和智能化已经在桥旅设计、施工和管理中得到广泛应用。未来的桥旅艺术教育和研究还将更加注重数字化和智能化的发展，更加注重培养学生的创新精神和创造力，鼓励他们在设计中寻求新的思路和突破，使学生掌握数字化设计、模拟仿真、大数据分析等现代技术，提升其数字化设计和管理能力。在桥旅艺术研究中，数字化和智能化技术将被广泛应用于桥旅结构分析、性能评估、施工模拟等方面，促进桥旅艺术研究的深入和创新。

其次，未来桥旅艺术的研究将更加注重跨学科和综合性。桥旅艺术作为一门综合性的艺术形式，其研究需要跨越多个学科和领域，将环境科学、工程技术、材料科学、化学等多个领域的研究成果融合在一起，也将更加注重跨学科的合作和交流，结合艺术、文化、历史、技术等多个领域的知识，进行更加深入的研究和探索。在未来的桥旅艺术教育中，还将强调学生对环保材料和技术的应用，推崇低碳、环保、可持续的设计理念，学生将被鼓励在桥旅设计中考虑生态环境、资源利用和碳排放等方面的影响，并学习关于生态文明、可持续发展和环保政策等方面的知识，通过创新的设计和施工方法来减少对环境的负面影响，培养环保意识和责任感。

此外，未来的桥旅艺术研究也将更加注重国际化，鼓励与不同国家和地区的研究者进行交流与合作，促进不同国家之间的学术合作和资源共享，推动桥旅艺术在全球范围内的发展。例如，建筑师、设计师、艺术家、文化学者等不同领域的人才可以共同参与桥旅艺术的创作和研究，共同探讨桥旅设计和建造过程中的环境影响，研究环保材料和技术的应用，探索在桥旅艺术中融入可持续发展的理念和实践，共同推动桥旅艺术的创新和发展。未来的桥旅艺术教育也将鼓励学生参与国际合作项目，了解不同国家和地区的桥旅艺术设计和施工实践，拓展跨文化的视野。

总之，桥旅艺术不仅是具有独特魅力和价值的文化艺术形式，也是具有广阔前景和潜力的学术研究和社会实践领域。通过教育和研究的传承与发展，未来的桥旅艺术将更好地满足社会的需求，并为城市和人类社会的文化多样性、可持续发展与和谐共处作出更加重要的贡献。

（八）丰富城市文化内涵

传统意义上的桥旅在城市规划中往往被视为交通工程和功能性设施，而忽视了其艺术价值。随着城市化进程的加速和城市人口的增加，桥旅作为城市设施的重要组成部分，不仅需要满足功能性需求，还需要在城市规划和建筑设计上体现艺术性和创新性，为城市增色添彩，提升城市形象。

桥旅艺术作为城市规划和建筑设计的重要元素，未来的城市规划将更加注重桥旅艺术的融入和融合，注重桥旅艺术的创新和表现，注重其在城市空间中的形态、比例、色彩等方面的设计，通过独特的设计语言和技术手段，营造出更加具有艺术性和科技感的桥旅作品，使桥旅与城市的环境和文化相融合，呈现出更加和谐和独特的城市形象。例如，采用先进的材料和施工技术，让桥旅在形态上更加轻盈、透明，增强其艺术性和时尚感；应用数字化设计和智能化技术，实现桥旅的个性化和定制化，实现桥旅的功能性和艺术性的双重目标，提升其在城市空间中的表现力，使其不仅具有实用性，更具有审美价值，提升城市形象。

未来的桥旅艺术在城市规划和建筑设计方面的发展趋势将注重艺术性与功能性的平衡，以及与可持续发展、新兴科技的结合，为城市营造出更加美好、人性化的生活环境。

参考文献

1. 郭春宁：《元宇宙的艺术生成：追溯 NFT 艺术的源头》，《中国美术》2021 年第 4 期。

2. 王仁忠、王欢：《天空之桥服务区 桥旅融合新地标》，《中国公路》2021 年第 1 期。

3. 梁艳、何畏、唐茂林：《桥梁美学 2019 年度研究进展》，《土木与环境工程学报》（中英文）2020 年第 5 期。

4. 〔日〕山本宏：《桥梁美学》，姜维龙、盛建国译，人民交通出版社，1989。

5. 杨士金、杨虎翔：《景观桥梁设计》，同济大学出版社，2003。

6. 邓文中：《能、会、美、雅——造桥艺术的境界》，《重庆交通大学学报》（自然科学版）2011 年第 S2 期。

7. 曹淑上、张明强、张永水：《重庆桥梁艺术魅力》，《重庆建筑》2006 年第 2 期。

8. 余莉：《圆明园的桥梁艺术》，载《2017 年北京园林学会学术论坛论文集》，2018。

9. 朱蓉、查娜、李镇国：《无锡古桥梁建筑艺术特色研究》，《创意与设计》2013 年第 6 期。

10. 徐利平：《基于桥梁与建筑整体视野下的桥梁美学理论研究》，《公路》2021 年第 3 期。

11. 蔡晓艳、吴曦、曾强：《桥梁艺术造型的地域视觉设计创新实践——以城口亢谷龙隐桥为例》，《装饰》2018 年第 3 期。

12. 蔡晓艳、谭勇、曾强：《"艺术+工程"：桥梁艺术创意设计课程中的跨界融合教学实践研究》，《装饰》2019 年第 5 期。

13. 程艳林：《哈布瓦赫集体记忆理论的当下解释力》，《宁波教育学院学报》2020 年第 6 期。

14. 〔法〕莫里斯·哈布瓦赫：《论集体记忆》，毕然、郭金华译，上海世纪出版集团，2002。

15. 白子仙：《集体记忆理论经验研究的七个维度：1989~2009》，《经济研究导刊》2010 年第 6 期。

16. 朱蓉：《城市记忆与城市形态——从心理学、社会学视角探讨城市历史文化的延续》，博士学位论文，东南大学，2005。

17. 周玮、朱云峰：《近 20 年城市记忆研究综述》，《城市问题》2015 年第 3 期。

18. 王胤：《城市开放空间风景园林设计与城市记忆研究——深圳中心区公园设计案例》，《建材与装饰》2021 年第 9 期。

19. 钱智勇：《基于信息服务网格的城市记忆资源整合研究——以长三角地区城市记忆资源整合为例》，《国家图书馆学刊》2008 年第 1 期。

20. 刘飞滨：《带着文化游名城——老重庆记忆》，当代世界出版社，2018。

21. 秦红岭：《建筑伦理学》，中国建筑工业出版社，2018。

22. 〔德〕黑格尔：《美学》（第二卷），朱光潜译，商务印书馆，1996。

23. 任丽莎：《艺术视野中的人行桥》，中国建筑工业出版社，2015。

24. 吴骞、韩禹锋：《工业遗产景观二元向度的弹性再生研究》，《工业建筑》2021 年第 3 期。

25. 龙迪勇：《空间叙事本质上是一种跨媒介叙事》，《河北学刊》2016 年第 6 期。

26. 布克设计主编《人来人往：天桥设计》，华中科技大学出版，2012。

27. 唐寰澄：《桥之魅：如何欣赏一座桥》，北京出版社，2021。

28. 王京红：《夜城市色彩——塑造一城双面》，中国建筑工业出版社，2019。

29. 楚超超：《关于屈米》，《建筑与文化》2008 年第 8 期。

30. 徐利平：《城市桥梁美学创作》，同济大学出版社，2017。

31. Melissa Terras, "Opening Access to Collections: the Making and Using of Open Digitised Cultural Content," *Online Information Review*, 2015, 39（5）.

32. Jang Yoon Jung, *Study on the Current Status of Operation and Activation Methods of Public Libraries with Multi-Functions*, Chonnam National University, 2017.

33. Yoon, Sunyoung, *A Study on Cultural Use of National Industrial Complex a Study on Cultural Use of National Industrial Complex Focused on Larchiveum*, Seoul: Seoul National University, 2016.

34. Anna Maria Tammaro, "Participatory Approaches and Innovation in Galleries, Libraries, Archives, and Museums," *International Information & Library Review*, 2016, 48（1）.

35. Lee Jihyun, *A Study on the Open Access of GLAM（Gallery·Library·Archive·Museum）*, Myongji University, 2017.

36. Marcum, Deanna, "Archives, Libraries, Museums: Coming

Back Together?" *Information & Culture*, 2014, 49 (1).

37. 汪静：《Europeana发展现状及启示》，《数字图书馆论坛》2017年第3期。

38. Kwak Hyohwan, "A Study about Establishing the National Museum of Korean Literature and Plans to Develop the Local Literature—To Establish Art Policy in Order to Overcome the Conflict between the Central and Local Area," *The Journal of Korean Literary Creative Writng*, 2019: 18 (1).

39. Mi-Kyung Chang, *A Study of Development of a Model for Constructing a Larchiveum for Libraries of Medium-sized Universities*, Chungnam National University, 2016.

40. 付振宇：《基于地域文化的文创产品创新设计》，《包装工程》2019年第20期。

41. 喻建辉：《当代艺术展览的空间与场域问题探析》，《装饰》2019年第7期。

42. Agarwal Bhavya, Brooks Samantha K, Greenberg Neil, "The Role of Peer Support in Managing Occupational Stress: A Qualitative Study of the Sustaining Resilience at Work Intervention," *Workplace Health & Safety*, 2020; 68 (2).

43. 〔日〕林良嗣、铃木康弘：《城市弹性与地域重建》，陆化普、陆洋译，清华大学出版社，2016。

44. 杨骞：《从生态规划到景观城市主义》，《城市发展研究》2009年第16期。

45. 鲁枢元：《生态批评的空间》，华东师范大学出版社，2006。

46. World Bank Group, *Crisis Response and Resilience to Systemic Shocks: Lessens from IEG Evaluations*, Washington DC, United States:

The World Bank Publications. 2017.

47. 국립재난안전연구원, 재난안전교육체계정립을위한재난유, 형 분류및표준화: 울산, 2015.

48. OECD, *Resilient Cities*, *Preliminary Version*, Organisation for Economic. Co-operation and Development. 2016.

49. 100RC, *Cities Taking Actions*, 100 Resilient Cities, 2017.

50. 김정곤외, 리질리언스도시재생모델에관한연구, 토지주택연구원 2016.

51. 정은주외, 도시의지속가능성과리질리언스에관한연구, 한국지역 개발학회지, 2016, 28 (4).

52. The Rockefeller Foundation & Arup, *Report of City Resilience Framework*, The Rockefeller Foundation. 2014.

53. Jeong Yunnam, *Establishing a Conceptual Model for Urban Resilience: Focusing on the Importance and Role of Urban Potential and Social Capacity*, Seoul: Korea University, 2018.

54. C. Folke, S. R. Carpenter, B. Walker, M. Scheffer, T. Chapin, J. Rockstrom, "Resilience Thingking: Integrating Resilience, Adaptability and Transformability," *Ecology and Society*, 2010, 15 (4).

后　记

　　本书的写作可以追溯到几年前，它的诞生，源于我们对桥梁旅游的深度关注和持续研究，创作过程也是深入研究和精心打磨的过程。桥梁，自古以来就是人类社会发展的重要产物，它们不仅是通道，更是人类智慧和技术的结晶。然而，随着社会的快速发展，许多传统桥梁逐渐被新式的桥梁所取代，形成了独具特色的桥旅艺术。在此背景下，我们意识到这是一个极具研究价值的主题，于是开始探索将艺术与桥梁旅游相结合的创新思路，并着手进行深入的研究。在确定了研究方向后，我们展开了大量的文献调研。通过阅读国内外相关的研究论文、政策文件和行业报告，我们对桥旅艺术的各个方面有了更深入的认识。同时，我们还进行了实地考察，收集了大量的一手数据和案例。

　　在掌握了充足的研究资料后，我们开始构建本书的框架和内容。我们制定了清晰的研究路线和方法。在第一部分"何为'桥旅艺术'"中，我们详细阐述了桥旅艺术的概念、特征和表现形式，为后续的研究提供了理论基础。在第二部分"城市记忆之桥都意象"中，我们通过对城市记忆理论的研究，揭示了桥梁在城市意象和空间规划中的重要性。同时，我们还深入探讨了重庆桥梁旅游记忆的线索梳理和系统要素。这些研究为理解桥旅艺术在城市发展中的作用提供了重要的理论支撑。进入第三部分"桥旅艺术之当代凝视",我们将桥旅艺术与当代艺术进行了对比和联系,分析了两者之间的相互影响和作用。同时,我们还对桥旅艺术在城市规划中的重要性进行了深入研究,强调了其伦理叙事和象征叙事在城市发展中的重要作用。这部分内容是本书的核心之一,它为读者理解桥旅艺术的重要性和价值提供了重要的理论视角。在第四部分"桥旅艺术构建路径"中,我们详细研究了桥旅艺术的空间叙事美学建构过程,以及在重庆的桥梁旅游中,艺术如何被介入并影响其发展。我们还对桥旅艺术的创作过程、表现形式和美学特征进行了深入的分析,揭示了艺术在桥梁旅游中的重要性。这部分内容是本书的另一核心,它为读者理解桥旅艺术的构建过程和艺术介入的重要性提供了实践指导。第五部分"桥旅艺术与可持续发展",我们从可持续发展的角度审视了桥旅艺术,探讨了如何从桥旅艺术的角度理解和促进可持续发展。同时,我们还对如何从自然发展的角度来理解和保护可持续性进行了深入的分析。这部分强调了桥旅艺术在推动环境保护和生态平衡方面的重要作用,它为读者理解桥旅艺术的环保理念和可持续发展的重要性提供了全新的视角。在第六部分"桥旅艺术之未来发展"中,讨论了桥旅艺术的未来发展方向,其如何与文化外交结合、国际化的机遇和挑战以及未来的前景。这部分对桥旅艺术的未来走向进行了预测和展望,并提出了相应的建议和思考,不仅展示了我们对桥旅艺术未来的热切期待,也为读者提供了对于该领域未来发展的思考方向。

当然,在写作过程中我们也遇到了许多挑战。首先,由于桥旅艺术是一个相对新兴的概念,我们需要不断地拓展和深化对它的理解。我们通过大量的文献调研和实地考察,积累了丰富的资料和数据,为写作提供了有力的支持,但我们发现对桥旅艺术进行全面深入的研究并不容易，在写作过程中还是遇到了许多预料之外的问题和挑战。例如，如何将桥旅艺术的定义和特征进行明确的界定、如何深入挖掘桥旅艺术的文化内涵、如何对桥旅艺术的未来发展进行准确的预测等。这些问题的存在不仅增加了我们的研究难度，也促使我们不断地进行思考和探索。其次，我们发现收集相关资料和数据也存在一定的困难。由于桥旅艺术是一个相对新兴的领域，相关文献和数据并不充足。为了获取足够的研究资料和数据，我们不得不多方查找和收集，甚至自行进行实地考察和调研。这个过程虽然辛苦，但是也让我们更加深入地了解了桥旅艺术的现状和发展趋势。最后，尽管我们对桥旅艺术进行了较为深入的研究，但是在某些方面，我们仍然存在一些理解和认识上的偏差。例如，在分析桥旅艺术的未来发展方向时，我们可能过于关注其与文化外交的结合，而忽略了一些其他重要方面，或者在撰写本书的过程中，我们可能过于追求表达的精准和详尽，而忽略了读者的阅读体验，这可能导致一些读者难以理解和消化书中的内容。这些不足不仅指示着我们在未来的研究中要更加注重表达的简洁明了和通俗易懂，以便让更多的读者能够从中受益，也提示我们未来研究努力和提高的方向。

在研究和写作的过程中，我们得到了许多人的支持和帮助。我们要感谢那些参与我们调查和访谈的受访者，他们的意见和建议为我们的写作提供了重要的素材和灵感，让我们的研究更加具有针对性和现实意义；我们要感谢那些支持我们研究工作的机构和组织，他们的资金和资源支持让我们能够顺利地进行实地考察和调研，收集到更多的第一手资料；我们要感谢我们的家人和朋友，他们一直在背后默默地支持着我们，鼓励我们追求自己的学术梦想，没有他们的支持，我们无法完成本书的写作；我们要感谢本书的编辑和出版社，他们对我们的研究成果给予了充分的肯定和支持，帮助我们将这个项目推向成功；我们要感谢所有关注和支持我们研究工作的同行和读者，我们将继续努力，不断提高研究的深度和广度，为桥梁旅游和艺术领域的发展作出更多的贡献。

  本书的写作过程对我们来说，既是一次深入研究和团队发展的过程，也是一次思想和认识的提升，还深刻体验到了科研工作的艰辛与乐趣。在整个写作过程中，我们三位作者精诚协作，携手共进，不断进行交流反思和探讨修正，作出了同等价值的贡献，力求将本书打磨得更加完善，最终的出版是我们共同努力和智慧的结晶，也是我们对桥旅艺术持续关注的见证。我们相信，本书的出版不仅能为读者提供有益的参考和启示，也能为我们进一步深入研究桥旅艺术打下坚实的基础。

作者
2023 年 9 月

图书在版编目（CIP）数据

桥旅艺术：基于城市记忆视角／何顺平，马超，周鑫著. -- 北京：社会科学文献出版社，2023.9
ISBN 978-7-5228-2509-0

Ⅰ.①桥… Ⅱ.①何… ②马… ③周… Ⅲ.①桥-文化-中国 Ⅳ.①G122②U44-092

中国国家版本馆 CIP 数据核字（2023）第 179964 号

桥旅艺术：基于城市记忆视角

著　　者／何顺平　马　超　周　鑫

出 版 人／冀祥德
组稿编辑／任文武
责任编辑／刘如东
责任印制／王京美

出　　版／社会科学文献出版社·城市和绿色发展分社（010）59367143
　　　　　地址：北京市北三环中路甲29号院华龙大厦　邮编：100029
　　　　　网址：www.ssap.com.cn

发　　行／社会科学文献出版社（010）59367028
印　　装／三河市东方印刷有限公司
规　　格／开　本：787mm×1092mm　1/16
　　　　　印　张：13.5　字　数：164 千字
版　　次／2023 年 9 月第 1 版　2023 年 9 月第 1 次印刷
书　　号／ISBN 978-7-5228-2509-0
定　　价／88.00 元

读者服务电话：4008918866

版权所有 翻印必究